AF544110

Peter Scharnhorst

Gläserne Visionen

Die Wiege des modernen Gewächshausbaues in Dresden-Niedersedlitz 1895–1995

DONATUS

Bibliografische Information der Deutschen Nationalbibliothek:
Die Deutsche Nationalbibliothek verzeichnet diese Publikation in der Deutschen Nationalbibliografie; detaillierte bibliografische Daten sind im Internet über www.dnb.de abrufbar.

Impressum

Umschlaggestaltung: Spitzenton.Design
Titelbild: Schauhaus der Fa. Höntsch für tropische Pflanzen auf der Weltausstellung 1932, Archiv des Autors.

Verlag: Donatus-Verlag, Niederjahna
Druck & Herstellung: Books on demand, BOD Norderstedt
ISBN: 978-3-946710-24-0
www.donatus-verlag.de

Inhaltsverzeichnis

Abb. 1: Ein 1990 errichteter Gedenkstein, der an die fast hundertjährige Tradition des Gewächshausbaues in Dresden erinnern soll.

Vorwort

Das Gewächshaus ist in Dresden nicht erfunden worden – es ist wesentlich älter, als der Titel dieses Buches verraten läßt. Seine Geschichte könnte uns weit in die Vergangenheit zurückführen, doch hier wird ein Blick auf die jüngere Geschichte des Gewächshausbaus geworfen, die eng mit der Geschichte der Industriellen Revolution verbunden ist und schließlich in Dresden ihre Spuren hinterlassen hat. Für mich persönlich war es eine Notwendigkeit, mich mit diesem Thema zu beschäftigen und das Wissen über die Geschichte des Gewächshausbaus an die Nachwelt weiterzugeben.

Mein beruflicher Werdegang nach dem 1959 in Leipzig abgelegten juristischen Staatsexamen begann wunschgemäß in der Wirtschaft. Ich gelangte nach Dresden in den VEB Holz-, Stahl- und Glasbau Dresden, der zuvor über viele Jahrzehnte den Namen Fa. Höntsch & Co. Niedersedlitz getragen hatte. 1970 wurde der Betrieb in den VEB Metalleichtbaukombinat eingegliedert. Die damals verwendete Abkürzung HOSTAGLAS, zugleich in Satteldachform geschriebenes Warenzeichen (vgl. Abb. 27), wird gewiss manchem älteren Gärtner noch in Erinnerung sein.

Innerhalb des Betriebes wurde ich rasch Kaufmännischer Leiter und 1969 schließlich Betriebsdirektor. Allmählich wurde mir bewusst, dass ich in einem seit 1895 bestehenden Spezialbaubetrieb für Gewächshäuser arbeitete, dessen Geschichte deutschlandweit von Bedeutung war. Auch in der DDR wurde diesem Betrieb seitens der Regierung der DDR ab etwa 1960 hinsichtlich der notwendigen Versorgung der Bevölkerung mit Gemüse und mit Blumen, ein hoher Wert beigemessen. Die Regierung der DDR war bestrebt, möglichst ganzjährig die Bevölkerung mit Gemüse und Blumen aus eigener Produktion zu versorgen. Deshalb wurde auch die Beschäftigung mit den historischen Hintergründen des Gewächshausbaus möglich. Als 1990 mit der Wiedervereinigung die Grundlagen für die Produktion von Gewächshäusern in der DDR gleichsam über Nacht wegbrachen, erschien es mir als persönliche Pflicht, diese Geschichte in Erfüllung eines Berufslebens aufzuschreiben.

Auch wenn man nach 1990 keine Gewächshäuser aus der DDR mehr benötigte, da der weltweite Markt sich rasant entwickelte und Produktionsstätten verlagert wurden, so ist doch die Geschichte des Gewächshausbaus eng mit Dresden verbunden – und sie ist noch nicht zu Ende geschrieben: eine ständig wachsende Menschheit kann nicht mehr auf Gewächshäuser verzichten, um ihre Ernährung zu gewährleisten.
So habe ich mich bemüht, mein Wissen zusammenzufassen. Zunächst sind dazu in sechs Mappen Zeichnungen, Bilder und Details sowie Texte chronologisch geordnet worden. Je ein Exemplar dieses Mappenwerkes liegt im Deutschen Gartenbaumuseum in Erfurt, bei der Firma MBM Metallbau Dresden und beim Verfasser. Auszüge daraus sind zusammengefasst an 30 Einrichtungen, die sich mit Gartenbau beschäftigen und dieses Fach lehren, versandt worden.
Es gehört zu einem erfüllten Berufsleben, das Wissen um den Gewächshausbau auch für die Zukunft abrufbar aufbewahrt zu haben. Auch wenn die Nachkommen konstruktiv andere Gedanken entwickeln werden, wissen sie vielleicht die Erfahrungen zu schätzen.[1]
Mit diesem Buch soll Interesse für die Geschichte des Gewächshausbaus geweckt werden. Die Konzentration liegt auf dem Produktionsstandort Dresden, da hier zweifelsohne die Wiege des modernen Gewächshausbaues für den Erwerbsgärtner in Deutschland steht.
Um 1900 hat es in Sachsen noch die kleinere Firma Oscar R. Mehlhorn in Schweinsburg/Pleiße gegeben. Diese hat auch bis ca. 1968 als VEB Gewächshausbau Schweinsburg bestanden und bis dahin den Gewächshaustyp MZG 0/55 produziert. Danach hat dieser Betrieb andere Aufgaben im Bauwesen übernommen. Eine kleine Konstruktionsgruppe hat als Dresdner Außenstelle noch bis 1990 gearbeitet.
In der Bundesrepublik hat es ebenfalls wichtige Firmen des Gewächshausbaues in Schorndorf, Beilstein und Papenburg gegeben. Nachkommen von Georg Höntsch haben in Gelsenkirchen eine kleine Gewächshausbaufirma betrieben. Diese und die Fa. Henssler in Beilstein

---

1 Meine persönlichen Erinnerungen habe ich in autobiografischen Skizzen unter dem Titel "Hoch auf dem goldenen Wagen" im Verlag Neue Literatur (Jena, Plauen, Quedlinburg) 2005 als Buch veröffentlicht.

wurden zu Beginn der sechziger Jahre vom führenden Verzinkungsunternehmen Voigt & Schweitzer durch Kauf erworben. Bis 1990 haben keine Verbindungen dahin bestanden. Erst nach der Wiedervereinigung Deutschlands 1990 hat es erste Kontakte gegeben. Da das Geschäftsziel in Dresden bald ein völlig anderes wurde, sind sie nicht fortgesetzt worden.[2] Das Schicksal dieser Betriebe ist nicht bekannt – ob es wohl sehr viel anders als das Dresdner war?

Ich bedanke mich bei der MBM Metallbau Dresden GmbH für die gewährte Unterstützung bei der Abfassung dieser Schrift. Frau Brigitte Uhlig, die stets ansprechbar war, danke ich besonders.

Abschließend möchte ich festhalten: Jeder noch so unbedeutend und selbstverständlich erscheinende Baustein im Leben hat einen Sinn. Erkennen muss man ihn und achten – und daraus lernen.

Dr. Peter Scharnhorst

Abb. 2: Das Hauptgebäude der Firma auf der Niedersedlitzer Straße, 2019.

2 Infomationen dazu in: Festschrift 125 Jahre ZINQ, Herausgeber: Voigt & Schweitzer, Gelsenkirchen; Verlag: ZINQ-Verlag Gelsenkirchen, 2014.

Funktion eines Gewächshauses

Ein Gewächshaus ist ein lichtstarkes Kunstbauwerk, in welchem weitgehend unabhängig von den Jahreszeiten und dem Außenklima Nutzpflanzen kultiviert werden können. John Loudon sprach in seiner „Enzyklopädie des Gartenwesens" von 1826 von „Pflanzenwohnungen".[3] Grundsätzlich war es in unseren mitteleuropäischen Breiten ein beheizbares Glashaus. In der Übersicht auf Seite 12 wird versucht, die lange Geschichte des Gewächshausbaues darzustellen; seinen Weg beginnend mit einfachen Schutzvorrichtungen (von denen das Sonnenfanghaus des späten 17. Jahrhunderts schon ein nobler Bau war), über Mistbeete und Frühbeetkästen, bis hin zu technisch hervorragend ausgerüsteten Glaskonstruktionen.

Glas war bereits den Phöniziern bekannt, denen es vorwiegend als Schmuck und für Gefäße diente. Die Römer stellten bereits das erste Flachglas her, allerdings in geringen Dimensionen. Selbst für erste, einem Gewächshaus ähnliche Bauwerke hat es vermutlich Verwendung gefunden. Mit dem Untergang des Römischen Reiches gerieten manche technische Leistungen in Vergessenheit – darunter auch die Herstellung von Flachglas. Im Mittelalter wurde es gleichsam um das Jahr 1000 neu erfunden. Außerdem wurden Versuche mit Marienglas unternommen. Dabei handelt es sich um kristallinen Gips, der spaltbar wie Schiefer ist und bergmännisch abgebaut werden konnte. Die Verwendung dieses Materials war allerdings sehr teuer und aufwändig.

Ab dem Mittelalter wurde die Technologie Schritt für Schritt vervollkommnet. Etwa um 1900 konnte man Flachglas endlich in nahezu beliebigen Dimensionen und vor allem wirtschaftlich günstig herstellen, was natürlich die Entwicklung des Gewächshausbaus beflügelte.

Stets war der Gewächshausbau von den vorhandenen wissenschaftlich-technischen Möglichkeiten abhängig und erforderte hohe wirtschaftliche und kostenmäßige Investitionen. Durch seine Entwicklung begründeten die Menschen einen qualifizierten Gartenbau, da man sich nun von den naturgegebenen Bedingungen, den Jahreszeiten mit

---

[3] Loudon, John C.: Eine Encyklopädie des Gartenwesens, Verlag des Landes-Industrie-Comptoires Weimar 1826, besonders III. Buch III. Abteilung: Bleibende Gartengebäude, S. 397 ff.

ihren Eigenheiten und Unbilden, lösen konnte. Im Glashaus wurde dabei der Treibhauseffekt zur Gestaltung eines eigenen Klimas genutzt – und das weitgehend unabhängig vom Klima des unmittelbaren Umfeldes.[4] Durch die Sonneneinstrahlung wird die Luft im Gewächshaus erwärmt und die Wärme bleibt durch den kompletten Glasverschluss im Gewächshaus. Es ist nun der Kunst des Gärtners anvertraut, das Klima im Inneren des Glashauses mittels Lüftung und Heizung in ein der jeweiligen Pflanzenkulturen gerechtes Gleichgewicht zu führen und zu bewahren. Zusammenfassend können durch Gewächshäuser im Wesentlichen drei Aufgaben gelöst werden:

1. die Verkürzung der Kulturzeit und damit die Vergrößerung der Ernte pro Jahr,
2. die Bereitstellung eines Angebots an Zierpflanzen und Gemüse unabhängig von der Zeit, womit gleichzeitig die vitaminarme Spanne des Jahres (Oktober bis April) überbrückt werden konnte, und
3. die Kultivierung von Pflanzen, die in Europa nicht heimisch waren, die im Zuge der großen Entdeckungen dieser Welt im 15. und 16. Jahrhundert nach Europa gebracht wurden und schließlich geschützt wenigstens überwintern konnten.

Hinzu gesellte sich der entscheidende Fakt des ständig größeren Wachstums der Bevölkerung vor allem im 19. Jahrhundert. Diese Menschen wollten ernährt sein und hatten einen hohen Bedarf an frischem Gemüse. Das bildete zugleich die hervorragende Entwicklungschance des Gärtnertums und des von der Landwirtschaft emanzipierten Gartenbaues.

Dresden als Wiege des modernen Gewächshausbaues

Bereits 1575 lassen sich in Dresden große Pomeranzenbestände im kurfürstlichen Hofgarten vor dem Wilsdruffer Tor nachweisen. Im 18. Jahrhundert gab es in Sachsen starke Bemühungen, Gewächshäuser zum Überwintern der tropischen Gewächse am Hof zu bauen, um den Orangenbestand weiter zu vergrößern. Die sogenannten Orangerien (zu denen ursprünglich auch der Zwinger gehörte) waren meist läng-

[4] Zabeltitz, Christian von: Gewächshäuser, Stuttgart 1986.

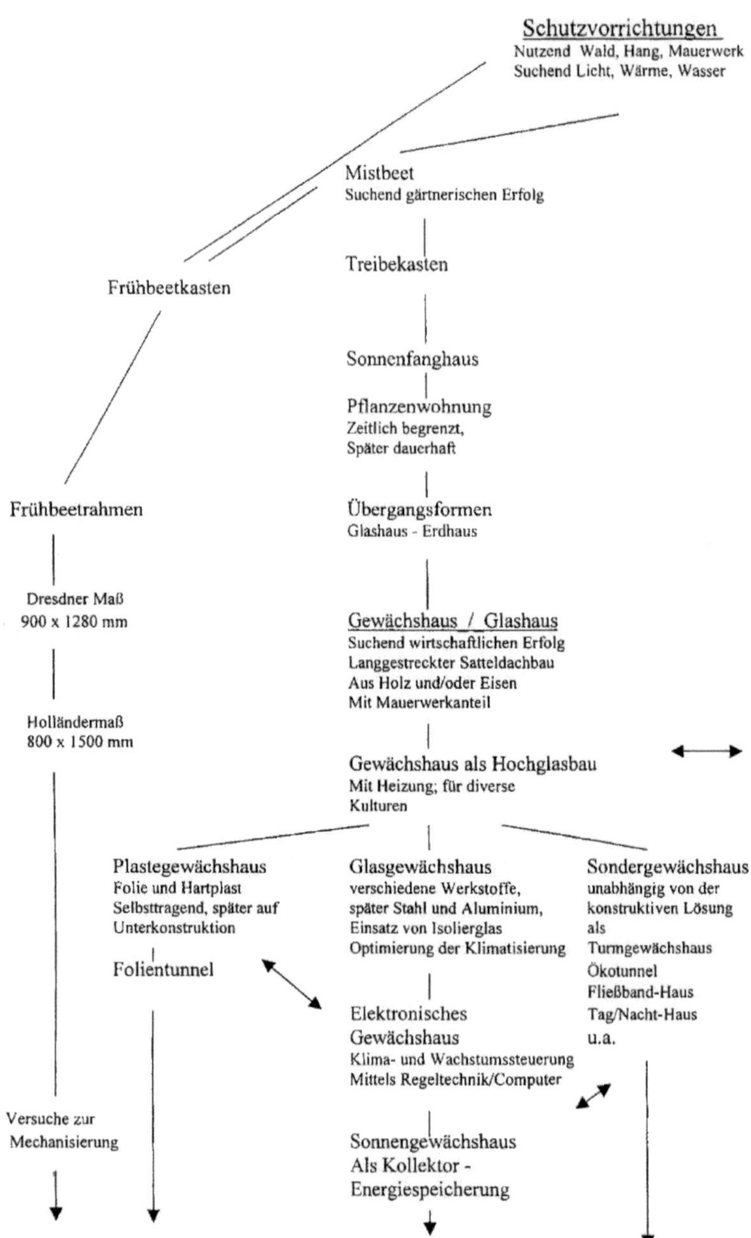
Schutzvorrichtungen
Nutzend Wald, Hang, Mauerwerk
Suchend Licht, Wärme, Wasser
Mistbeet
Suchend gärtnerischen Erfolg
Treibekasten
Frühbeetkasten
Sonnenfanghaus
Pflanzenwohnung
Zeitlich begrenzt,
Später dauerhaft
Frühbeetrahmen
Übergangsformen
Glashaus - Erdhaus
Dresdner Maß
900 x 1280 mm
Gewächshaus / Glashaus
Suchend wirtschaftlichen Erfolg
Langgestreckter Satteldachbau
Aus Holz und/oder Eisen
Mit Mauerwerkanteil
Holländermaß
800 x 1500 mm
Gewächshaus als Hochglasbau
Mit Heizung; für diverse
Kulturen
Plastegewächshaus
Folie und Hartplast
Selbsttragend, später auf
Unterkonstruktion
Folientunnel
Glasgewächshaus
verschiedene Werkstoffe,
später Stahl und Aluminium,
Einsatz von Isolierglas
Optimierung der Klimatisierung
Sondergewächshaus
unabhängig von der
konstruktiven Lösung
als
Turmgewächshaus
Ökotunnel
Fließband-Haus
Tag/Nacht-Haus
u.a.
Elektronisches
Gewächshaus
Klima- und Wachstumssteuerung
Mittels Regeltechnik/Computer
Versuche zur
Mechanisierung
Sonnengewächshaus
Als Kollektor -
Energiespeicherung

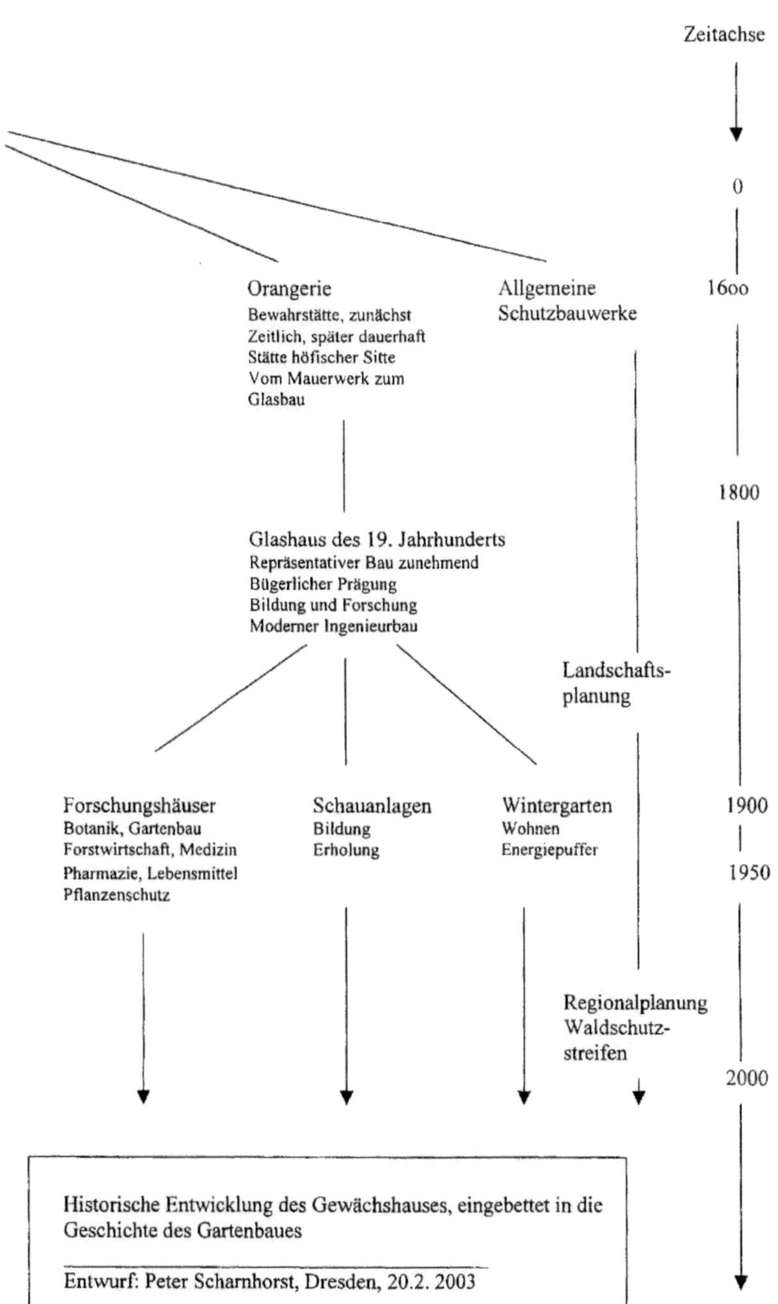

Historische Entwicklung des Gewächshauses, eingebettet in die Geschichte des Gartenbaues

Entwurf: Peter Scharnhorst, Dresden, 20.2. 2003

liche, steinerne, einstöckige Bauten mit großen Fenstern, die in den Wintermonaten beheizt werden konnten.[5] Einige Pflanzenbestände überdauerten in den Orangerien (vor allem in Großsedlitz) bis ins 20. Jahrhundert, fielen jedoch 1928/29 im Winter einem Heizungsausfall zum Opfer. Die Leidenschaft für das Gärtnern, die im 18. Jahrhundert fast aus-schließlich dem Hof vorbehalten war, übertrug sich im 19. Jahrhundert auf breite Gesellschaftsschichten und führte dazu, dass sich der Gartenbau als ein verhältnismäßig starker Wirtschaftszweig herausbilden konnte. Mit ihm begründeten sich in Deutschland gleichzeitig regionale Schwerpunkte.[6] Das geschah in geografisch-günstigen landschaftlichen Räumen – wie im Rheintal, am Neckar, im Dithmarschen und auch im oberen Elbtal um Dresden. Mildes Klima, passende Erden und eine gute Wasserqualität bildeten um Dresden die Einheit für einen erfolgreichen Gartenbau. Hier konnten sich Fachleute entfalten. Als Beispiel denke man an die bekannte Gärtnerfamilie Seidel, aus der heraus Friedrich Jacob Seidel (1789–1860) als der Begründer der weltbekannten Dresdner Kamelienkultur gilt.[7] Dresden hatte sich bis 1900 zu einem wichtigen Gartenbaugebiet entwickelt. So erscheint es folgerichtig, dass gerade hier ein Betrieb entstanden ist, der beispielgebend für den Bau von Gewächshäusern und moderner Gartenbautechnik überhaupt in Deutschland werden sollte.

Höntsch als Begründer des Dresdner Gewächshausbaus

Gewächshäuser wurden in der zweiten Hälfte des 19. Jahrhunderts vielerorts bereits gebaut. Die Ausführenden waren Baufirmen, Heizungsinstallateure, regionale Maurermeister, Zimmerleute und nicht zuletzt die Gärtner selbst. So gab es verschiedene, einfache Modelle. Georg Höntsch (1872–1945) errichtete 1895 in Niedersedlitz bei Dresden den ersten Spezialbaubetrieb für Gewächshäuser und sonstige Gartenbautechnik und konnte durch die Spezialisierung enorm schnell expandieren. Die kleine Fertigungsstätte für Gartentechnik

---

5 Dietrich, Andrea: Aufgeschlossen, Magazin des Freundeskreises Schlösserland Sachsen e.V., Ausgabe 1/2019, S. 10-14.

6 Diel, 1933

7 Haikal, 2010. Darüber erfährt man etwas im Schloss Zuschendorf bei Pirna.

Abb. 3: Gesamtansicht des Gewächshausbaubetriebs Höntsch & Co in Niedersedlitz, 1927.

wurde in einer Dorfscheune mit drei Mann in Niedersedlitz bei Dresden gegründet. Höntschs erster Auftrag bildete ein Satz Frühbeetfenster von zwölf Stück. Seine erste Holzbearbeitungsmaschine wurde noch vom Fuß in Gang getreten, doch bis zum Vorabend des ersten Weltkrieges wuchs seine Fabrik zum größten Spezialbetrieb seiner Art mit eigener Energiezentrale in Deutschland heran.

Georg Höntsch wurde 1872 in Dresden geboren. Er wuchs in ärmlichen Verhältnissen auf. Der Vater, Lohnkutscher, starb bald nach seiner Geburt. Die Mutter, Näherin, Wäscherin, musste allein fünf Kinder durchs Leben bringen. Auch sie starb wenig später, und Georg Höntsch gelangte mit seinen Geschwistern in ein Waisenhaus. Später kam er, wie auch seine Geschwister, in eine Pflegefamilie nach Dohna. 1866 begann er eine Schlosserlehre. Über eine Abendschule bildete er sich danach zum Techniker weiter. Seinen Ingenieurstitel erhungerte er sich 1892 wohl mehr, als das er ihn erwarb. Anschließend arbeitete er bei verschiedenen Firmen als Vertreter und als Ingenieur. Als Mitwirkender beim Bau von Gewächshäusern machte er erste Bekanntschaft mit dem Metier - und Gewächshäuser sollten seine Berufung werden. Für die Errichtung des ersten Spezialbaubetriebs für Gewächshäuser und sonstige Gartenbautechnik in Niedersedlitz bestanden volkswirtschaftlich betrachtet günstige Voraussetzungen. Mit einer rasant wachsenden Bevölkerung wuchs der Bedarf an Frühgemüse und natürlich Zierpflanzen zu möglichst jeder Jahreszeit.

Höntsch, zu diesem Zeitpunkt gerade 23 Jahre alt, hatte dafür das Gespür aufgebracht und die Situation erkannt. Für die kurze Zeit seiner beruflichen Tätigkeit in einem dem Gartenbau nahe stehendem Unternehmen war sein Entschluß, eine eigene Firma für Gewächshäuser

Abb. 4: Werbung der Firma Höntsch vor dem Ersten Weltkrieg, um 1910.

Abb. 5: Idealvorstellung des Gartenbaubetriebs um 1910, Werbekatalog der Fa. Höntsch.

zu gründen, schon erstaunlich mutig, und der Erfolg gab dem Tüchtigen Recht: Am Vorabend des Ersten Weltkrieges war sein Unternehmen mit fast 1.000 Mann Belegschaft in einer am Rande von Dresden neu erbauten Fabrik der größte Spezialbaubetrieb für Gewächshäuser in Deutschland geworden. Georg Höntsch schickte sich an, ein modernes, wirtschaftlich betreib-bares, vor allem auch wirtschaftlich herstellbares und damit bezahlbares Gewächshaus zu entwerfen und weiterzuentwickeln.

Der Leistungsumfang und das Angebot der Firma Höntsch & Co. umfasste neben Gewächshäusern aus Holz und Stahl die dazu passenden Heizungsanlagen, Frühbeetkästen, Frühbeetfenster sowie verschiedene gartenbautechnische Ausrüstungen, bis hin zu Gießkannen jeder Füllgröße.

Im Gartenbau hatte sich am Ende des 19. Jahrhunderts der Familienbetrieb herausgebildet. Er bestand zunächst aus einem kleineren Gewächshaus zuzüglich dem dazu gehörigen Kesselhaus, der flächenmäßig zwei- bis dreifachen Frühbeetkasteneinrichtung und ausreichend Freiland. Subjektiv betrachtet, ist der rasche große Durchbruch von Höntsch vor allem dadurch zu erklären, dass er die Prachtbauten in Stahl und Glas des 19. Jahrhunderts (G. Kohlmaier/B. von Sartory

Abb. 6: Werbung für Weinanbau mit Gewächshäusern von Höntsch, um 1910.

1981) überwindend, einfache, für den aufstrebenden Erwerbsgärtner bezahlbare und dennoch produktive Lösungen schuf. Dies verband er mit der Entwicklung eines für damalige Verhältnisse wesentlich besseren, effektiveren Heizkessels als Grundlage für eine an die Spezifität eines Gewächshauses angepasste Warmwasserheizung. Eine lange Brenndauer des Kessels war also ungemein wichtig, und nachts wurde durchgeheizt.

Zum Betrieb gehörte bald eine eigene Kesselgießerei. Die Heizung galt als die „Seele“ eines Glashauses. Schließlich fühlte sich die Fa. Höntsch dem Gärtner gegenüber als Finalproduzent, dem man ein fertiges, funktionstüchtiges Bauwerk liefern und aufbauen musste. Damit war eine zunehmend größer werdende Verantwortung verbunden.

Das Glashaus selbst galt es, ständig baukonstruktiv zu verbessern. Am meisten wuchsen Umfang und Qualität der Ausbautechnik. Zur Heizung sollten sich bald weitere Funktionen der Klimagestaltung, wie Regelung der Luftfeuchte, Schattierung, Bewässerung und schließlich Elektrotechnik, gesellen. All das hinderte Höntsch nicht daran, zunehmend auch anspruchsvolle Bauwerke wie Palmenhäuser, Schauhäuser für den Publikumsverkehr oder Spezialbauten für die Forschung zu errichten – er unterschied recht lapidar Häuser für Erwerbsgärtner von solchen für „Herrschaften“.

Der Gewächshausbau in Dresden 1895 bis 1945

Die Geometrie oder der Querschnitt eines Gewächshauses in gleichseitiger Satteldachform bildete spätestens seit 1900 die Grundlage einer modernen wirtschaftlichen Baukonstruktion. Sie kann als Kompromiss zur eigentlich günstigeren Bogenform des Daches betrachtet werden.[8] Letztere konnte zu diesem Zeitpunkt wirtschaftlich nicht gebaut werden. Ungleichseitige Satteldachformen waren nie ausgeschlossen, bildeten jedoch die Ausnahme.

Eine wichtige Rolle spielte der Sonnenlauf des Tages, dem die Baukonstruktion in ihrer Geometrie folgen sollte, um gute Bedingungen für die Wirkung des Lichtes zu erzielen. Licht war das alles Entscheidende für das Pflanzenwachstum unter Glas. Die Fachwelt sprach von „perpendiculärem Licht".[9]

Unter Beachtung einer bestmöglichen Technologie der gärtnerischen Arbeiten bildeten Dachneigung und Hausbreite weitere wichtige Parameter. Die Dachneigung gewann für mitteleuropäische Breiten mit etwa 27 Grad das nahezu einheitlich angewendete Idealmaß, das bis heute Gültigkeit besitzt. Sie ermöglichte zugleich gewisse Einheitsmaße für eine kostengünstige Fertigung und Montage der Baukonstruktion. Vom Glas kam die einfachste, um nicht zu sagen billigste Qualität zum Einsatz. Es musste lichtdurchlässig sein und möglichst unzerbrechlich und stabil in der Qualität. Das war um diese Zeit einfaches Rohglas, das nur einseitig glatt war. Die Glasbreiten lagen bei 350 bis 500 mm. Entscheidend war die Lichtdurchlässigkeit des Materials. Das alles schlug sich schließlich in einem für den Gärtner günstigen, also machbaren Preis nieder.

Der Bau von Glashäusern, regelrechten Glaspalästen, hatte bereits im 19. Jahrhundert eine kulturelle Höhe erreicht und konnte für die Ziele Höntschs nur bedingt als Vorbild gelten.[10] Lehnte man sich hier, man nehme das Beispiel einer Säule oder Stütze, noch an die Ausführung nach dem historischen Vorbild in Stein mit der Gliederung in Fuß-

---

8 Loudon hat den generellen Rat gegeben: Mache die Oberfläche des Gewächshausdaches parallel zum Gewölbe des Himmels und zum Lauf der Sonne. Vgl. Loudon 1826.

9 Loudon, 1826, S. 399.

10 Vgl. Kohlmaier/ v. Sartory, 1981.

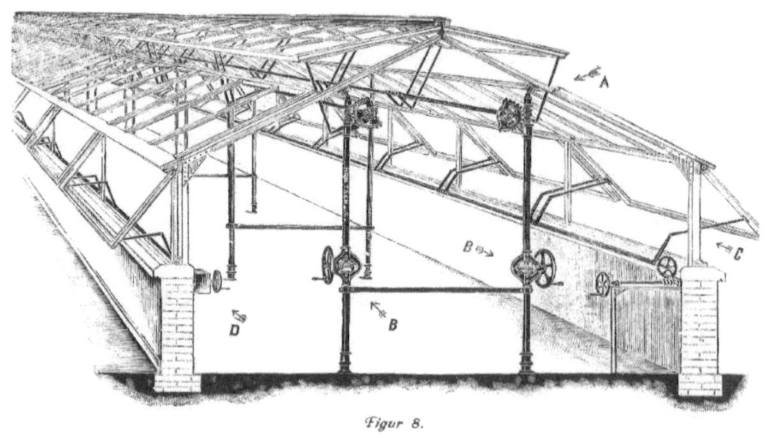

Abb. 7: Anspruchsvolleres Gewächshaus der Firma Höntsch, um1900.

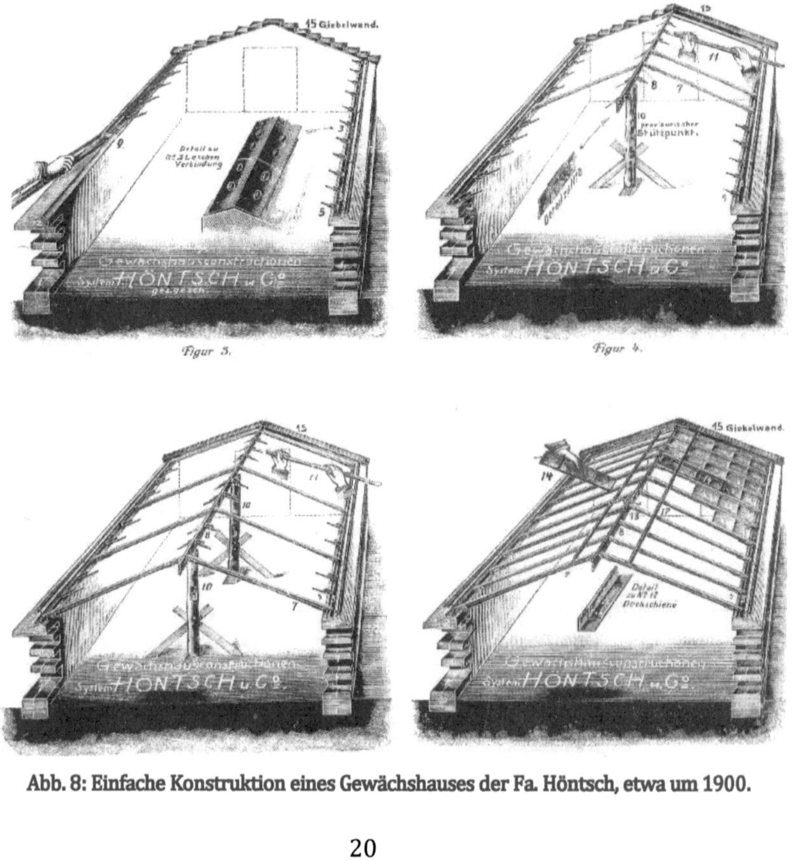

Abb. 8: Einfache Konstruktion eines Gewächshauses der Fa. Höntsch, etwa um 1900.

Abb. 9: Größere Gewächshausanlage in Bühl/Baden, errichtet durch die Firma Höntsch, um 1912.

punkt, rundem Schaft und Kapitell an, so musste das im Gewächshausbau rigoros überwunden werden. Aus der Säule wurde eine gemeine Stütze aus Doppel-T-Stahl. Einfache, nüchterne und damit zweckentsprechende klare Konstruktionen waren geboten.
Für die gärtnerischen Kulturen unter Glas war um 1900 eine ziemliche Sortimentsbreite sowohl im Zierpflanzenbau als auch im Gemüsebau normal. Im Zierpflanzenbau waren es Blumen im modischen Geschmack; zum Beispiel Hortensie, Camellie, Nelken, Rosen. Im Gemüsebau bildeten Gurken, Salat, Bohnen, Möhren, Kohl, Spargel, Radies, ja, selbst auch Kartoffeln die durchaus oft anzutreffenden Kulturen (Wesselhöft 1887). Die Tomate sollte erst nach dem ersten Weltkrieg hinzu stoßen.
Ausgehend vom Kulturziel musste die Einheit von Außenklima, Landschaft und eben diesem Ziel bei Planung und Konstruktion dieser Anlage sowie die territoriale Einordnung angestrebt werden. In der Folge sollte der technologischen Ausrüstung steigende Bedeutung zukommen. Charakteristisch für die Entwicklung des Gewächshausbaus seit dem Gründungsjahr war die Herausbildung bestimmter Hausbreiten. Den hat Höntsch aus guten Gründen nachhaltig unterstützt. Diese folgten den Schritten: Grundbeet–Weg–Grundbeet–Weg und so

weiter im Hausinneren. Begehbarkeit und Erreichbarkeit der Kulturen von Hand waren für diese Maße richtungweisend. Das konnte und musste der Gewächshausbauer wissen und nutzen.
Charakteristisch war ferner der Einsatz von Holz neben Stahl für ausgewählte Bauteile. Es gab natürlich auch reine Holzbauwerke, wie auch reine Eisenkonstruktionen. Die Mischkonstruktion aus Holz, Stahl und Glas war jedoch für 1900 typisch und blieb es auch für Jahrzehnte. Damit konnte ein Bauwerk mit einer mittleren Standzeit von 30 Jahren geschaffen werden.
Im sich allseitig entwickelnden Gartenbau unterschied man zunächst Kalthäuser und Warmhäuser. Bald führte die Nutzung des Treibhauseffektes in Verbindung mit Heizung und Lüftung zu einer tieferen Gliederung der Gewächshäuser für den Erwerbsgartenbau. Überliefert ist folgende Übersicht:

1. **Gemüsetreibhäuser** mit unterschiedlichen, teils begrenztem Heizanspruch,
2. **Warmhäuser** für tropische Pflanzen,
3. **Temperierte Häuser**,
4. **Kalthäuser** für anspruchslose Kulturen und zur Überwinterung empfindlicher Pflanzen; Aufbewahrungshäuser z. B. für Palmen wie im Schloß Pillnitz bei Dresden,
5. **Zierpflanzenhäuser** mit Spezifikation für Rosen, Nelken, Chrisanthemen, auch Topfpflanzen,
6. **Häuser für Obst** mit Spezifikation für Wein, Pfirisich, Exoten wie Ananas, Zitronen,
7. **Häuser für medizinische oder Arzneimittelpflanzen** und ähnliche Sonderkulturen,
8. **Vermehrungshäuser** und
9. **Häuser zur Anzucht von Jungpflanzen**.

Alle diese unterschiedlichen Arten – eine Typisierung war das nicht – bot die Fa. Höntsch als Spezialhäuser an. Das geschah meist in Kombination und oft mit einem Verbindungshaus. Der Gärtner dieser Zeit musste vielseitig sein. Zum anderen konnte man den Betrieb nur

schrittweise erweitern oder vervielfältigen. Zu den Gartenbaubetrieben, überwiegend Familienbetriebe, gehörten die zum Gewächshaus doppelte bis dreifache Grundfläche an Frühbeetkästen und ausreichend Freiland.
Höntsch lieferte ebenfalls Frühbeetkästen und Frühbeetfenster. Für den speziellen Holzschutz hatte Höntsch eigene chemische Holzschutzmittel entwickelt, mit denen er seine Erzeugnisse behandelte und die er ebenfalls gesondert verkaufte. Die Gewächshäuser konnten mit Tischen für Topfkulturen und verschiedenen Stellagen zur Nutzung der Raumhöhe ausgerüstet werden. Abbildung 5 verdeutlicht das Idealbild einer solchen Gärtnerei.
In Niedersedlitz wurden so Gewächshäuser mit zunächst drei, fünf, acht und zwölf Meter Breite angeboten, die vor Ort montiert wurden. Wie der Gärtner musste auch der Gewächshausbauer vielfältig sein. Die schmaleren Häuser nahmen den größeren Anteil ein. Die Länge eines Gewächshauses richtete sich nach den Möglichkeiten des vorhandenen Grundstückes, überschritt aber nur selten 30 Meter.
Gewächshäuser wurden als Einzelschiffe oder im Block mehrerer Schiffe ausgeführt. Ein doch recht hoher Mauerwerkssockel war noch typisch (s. Abb. 7, 8). Die Verglasung erfolgte grundsätzlich mit Kitt.

Eigene Modelle und Serienproduktion

Höntsch versuchte im Interesse der eigenen Rentabilität diese Sortimentsbreite einzuschränken, da er dafür eigentlich keine Notwendigkeit sah. Durch den direkten Kontakt zum Gärtner und Kunden entwickelte er deshalb ein eigenes Modell. Er stellte der Öffentlichkeit eine Art Einheitstyp unter dem Titel „Modell 1913" mit sechs Meter Schiffbreite vor (vgl. Abb. 12). Damit hatte er wenig Erfolg. Auf letzteren wirkte sich ebenfalls der bald beginnende Erste Weltkrieg aus.
Einen interessanten Versuch startete Höntsch etwa 1905. Die Glasfelder zwischen den Sprossen eines Daches faltete er dreieckig auf, um damit mehr Licht einzufangen. Natürlich erhöhte er auf diese Weise die Oberfläche des Baukörpers, was sich negativ auf den Energiehaushalt auswirken musste. Die Kosten stiegen entsprechend. So wurden diese Lösungen kaum wirksam. Abbildung 13 zeigt eine interessante

Figur 9. Haus mit Zentral-Flügellüftung.

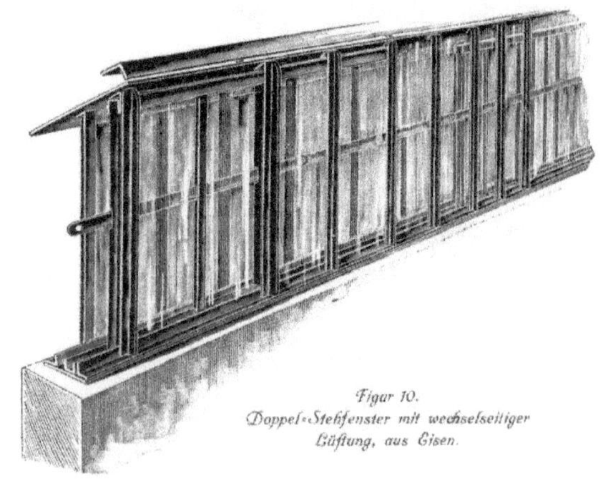

*Figur 10.
Doppel-Stehfenster mit wechselseitiger
Lüftung, aus Eisen.*

Abb. 10: Zwei Beispiele für Gewächshäuser um 1905 – einmal mit Säulen und zum anderen mit doppelter Verglasung.

Abb. 11: Ungewöhnliche Art des Gewächshausbaus, bei dem die Wärme des darunterliegenden Wohnhauses genutzt wurde, um 1908.

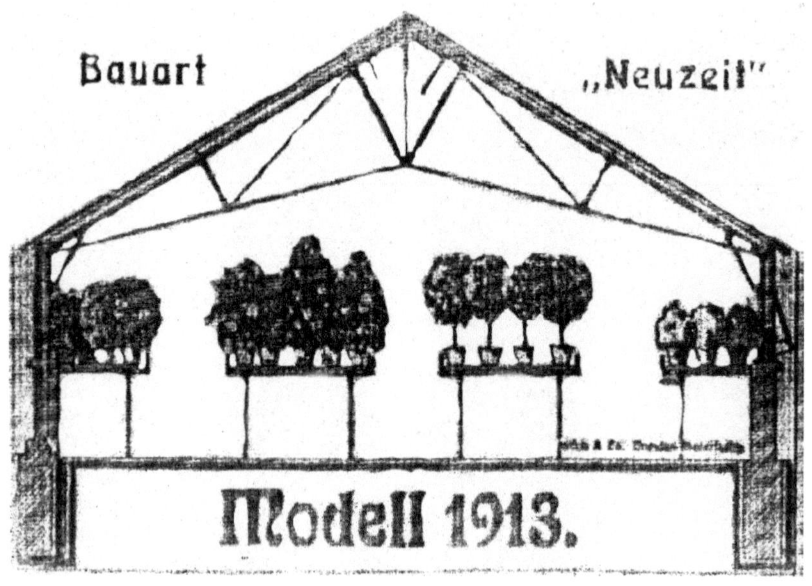

Abb. 12: Das Modell 1913 der Firma Höntsch.

Lösung im Praxisbetrieb in der Stadtgärtnerei Brandenburg. Es vermittelt einen Eindruck davon, welche Kreise des Pflanzenbaues für Gewächshäuser vor 1910 erschlossen werden konnten. Wenn auch dieses Feld vorwiegend nur von experimentalfreudigen Liebhabern betreten wurde, so zeigt es doch die Möglichkeiten, die ein Gartenbau unter Glas schon damals bieten konnte.

Die aus der Errichtung von Gewächshäusern gewonnenen Erfahrungen nutzte Höntsch nach 1910 auch für den Bau von Wintergärten.

Erste Großraumgewächshäuser nach 1918

Nach dem Ende des Ersten Weltkrieges geriet der deutsche Gartenbau und in der Folge auch der Gewächshausbau in erhebliche wirtschaftliche Schwierigkeiten. Der Gartenbau hatte bislang vorwiegend regionalen Charakter besessen. Was im Umfeld eines Kreises angebaut wurde, das gelangte auf dem Markt der Kreisstadt zum Verkauf.

Dank besserer Verkehrsbedingungen war man nun in der Lage, pflanzliche Produkte über weite Strecken zu transportieren. Nach 1920 strömten billigere, preiswerte Waren an Gemüse und Zierpflanzen aus Holland und anderen Ländern ein, dem die deutschen Gärtner

Abb. 13: Gewächshaus mit dem „Duplo"-Sprossensystem der Firma Höntsch in der Stadtgärtnerei Brandenburg, vor 1910.

nur schwer ökonomisch Gleichwertiges entgegenzusetzen hatten. Es begann ein mühsames Ringen begleitet von Versuchen zur Spezialisierung. Nun kamen auch flächenmäßig größere Gewächshäuser ins Gespräch, mit denen man günstiger zu produzieren hoffte. Abbildung 14 zeigt eine solche zwölf Meter breite Blockeinheit in Brandenburg um 1925. Abbildung 15 vermittelt den Eindruck der damals möglichen Arbeitserleichterung, die nur in solchen Gewächshäusern möglich war.

Abb. 14: Großraumgewächshäuser in Brandenburg, um 1925.

Erste Steckgewächshäuser

Um auch wirtschaftlich einfachen Gartenbaubetrieben oder solchen in der Startphase zu helfen entwickelte die Firma Höntsch eine universelle Steckverbindung aus Stahl, mit deren Hilfe herkömmliche Frühbeetfenster zu kleineren Gewächshäusern von wenigen Metern Breite und bis zu zehn Metern Länge zusammengesteckt werden konnten. Ebenso rasch konnten sie wieder demontiert und an anderer Stelle neu aufgebaut werden. Die Scheibenbreite der Gewächshäuser konnte von bisher 500 Millimeter Breite auf 750 Millimeter erhöht werden. Das führte zu mehr Licht im Haus und folglich zur Erhöhung der Produktivität. Nach dem Ersten Weltkrieg ist insgesamt folgende Entwicklung im Gewächshausbau zu beobachten:

1. vorrangig wurden weiterhin schmale Konstruktionen aus Holz und Stahl für Gemüse und Zierpflanzen errichtet (Abbildungen 17 und 18 zeigen beispielhafte Querschnitte um 1928),
2. Großraumgewächshäuser für unterschiedliche Kulturziele begannen das Spektrum der Investitionen zu bereichern (vgl. Abbildungen 14 und 15),
3. mehr Blockbauten wurden ausgeführt
4. Eine neue Entwicklung stellte das Thermos-Gewächshaus dar. Es handelte sich um ein Glashaus, dessen Hauptkonstruktionen bestehend aus Stütze, Binder und Pfette aus Rohr konstruiert waren und einen in sich geschlossenen Kreis bildeten, welchem das warme Wasser der Heizung nach dem Prinzip kommunizierender Röhren durchfloss und so das Klima im Haus gestaltete; Heizrohrleitungen entfielen (siehe Abbildung 19)
5. Höntsch entwickelte ein entdachbares Gewächshaus, in dem nicht mehr einzelne Fenster die Lüftung gewährleisteten, sondern komplette Dachflächen gehoben und gesenkt werden konnten (siehe Abb. 20)
6. Höntsch entwickelte den Werkstoff „Zementholz“; herkömmlichen Betonmischungen wurde weniger Sand, dafür mehr im Betrieb anfallende Sägespäne zugesetzt; produzierte man damit zunächst Frühbeetkästen, wurde dieser neue Werkstoff nun auch zur Her-

Abb. 15: Ein Großraumgewächshaus konnte sogar mit Pferden bewirtschaftet werden.

stellung von Stütze, Binder und Pfette für Hochglasbauten verwendet; ihr Einsatz musste sich auf Grund geringerer Lichtfülle allerdings auf Aufbewahrungshäuser bzw. Kalthäuser beschränken[11]

7. Für herkömmliche Gewächshäuser wurden Frühbeetfenster als Dacheindeckung verwendet.
8. Um größere Frühbeeteinheiten durch Beheizung besser zu nutzen, entwickelte Höntsch einen kleinen Spezialkessel, den „Kobold-Kessel", der in die Frühbeetkastenanlage integriert werden konnte.
9. Höntsch bereicherte sein Verkaufssortiment weiterhin mit Frühbeetfenstern, Frühbeetkästen, Höntsch-Kesseln, Holzschutzmitteln, Schattendecken, Kitt und Farben sowie verschiedenartigen Ersatz- und Ergänzungsteilen.

Höntsch baute in allen Teilen Deutschlands Gewächshäuser, vom äußersten Osten in Ostpreußen bis hin zum Bodensee. Auch wenn sich

---

[11] In den 1920er Jahren des vorigen Jahrhunderts hatte die deutsche Baustoffindustrie Versuche unternommen, viele tragende Baukonstruktionen für Beton zu erschließen (vgl. Riepert, 1928) – darunter auch für Gewächshäuser. Höntsch nutzte sie auf seine Weise mit dem Werkstoff Zementholz zur Verwendung bei ihm anfallender Sägespäne. In der DDR wurde dieser Werkstoff noch bis 1961 zur Herstellung von Frühbeetkästen verwendet. Dort hat es auch immer wieder Versuche gegeben, erneut tragende Konstruktionsteile aus Beton zu fertigen, um Stahl einzusparen. Sie führten zu keinem Ergebnis. Die feingliedrige Stahlkonstruktion war damit rein lichttechnisch nicht zu ersetzen. Vgl. Riepert: Neuzeitliche Gewächshausbauten; Zementverlag GmbH Charlottenburg 2; 1928.

bestimmte klimatisch bevorzugte Anbaugebiete heraus gebildet hatten, wie das Rheinland, das Umland am Bodensee, die Magdeburger Börde, das Oderbruch Wollup und natürlich das obere Elbtal um Dresden, bestanden Gärtnereien auch in anderen Gebieten und konnten durch die Innovation im Gewächshausbau auch fast überall errichtet werden.

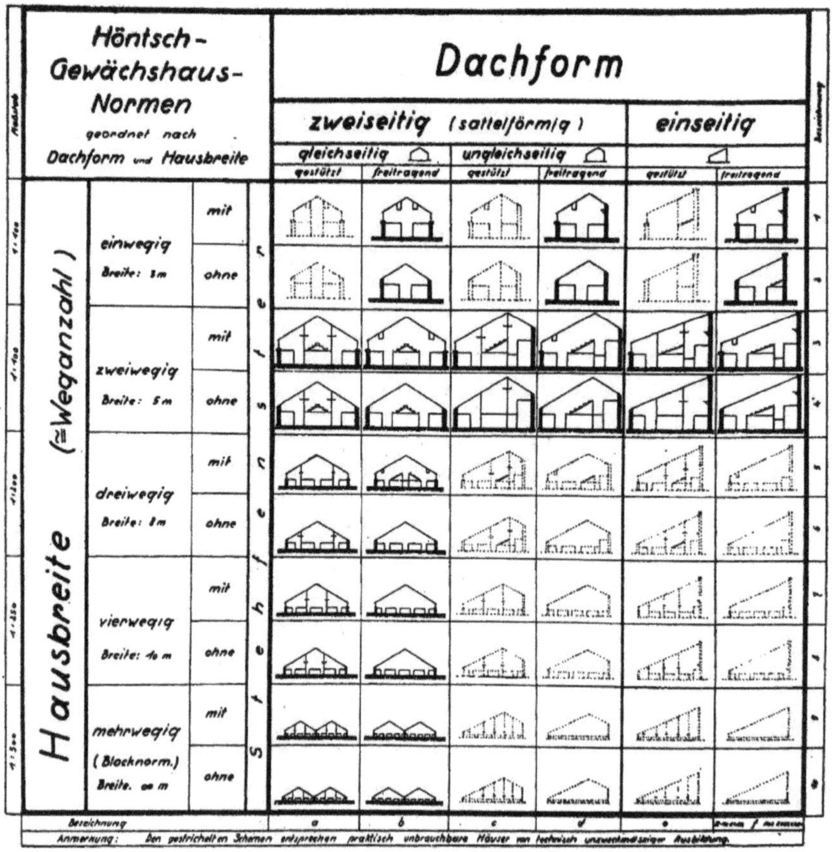

Abb. 16: Normenübersicht der angebotenen Gewächshäuser der Fa. Höntsch, etwa 1925.

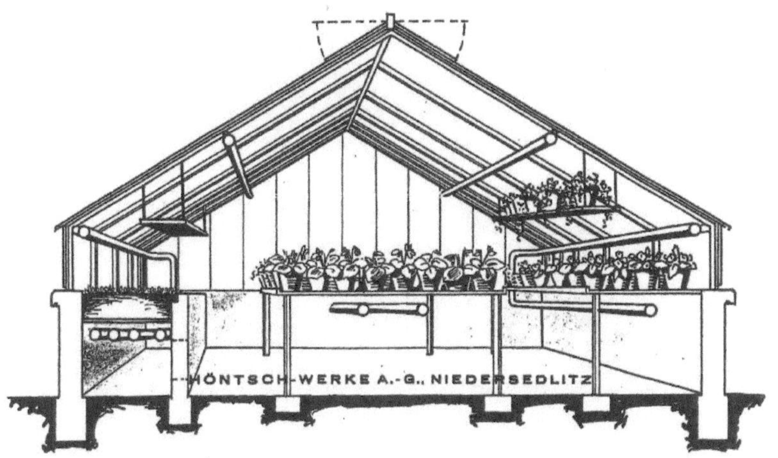

Zweiwegiges Warmhaus mit Stehfenstern, Vermehrungsbeet, Mittel-, Seiten- und Hängetischen
Einzelbedienbare Firstlüftung

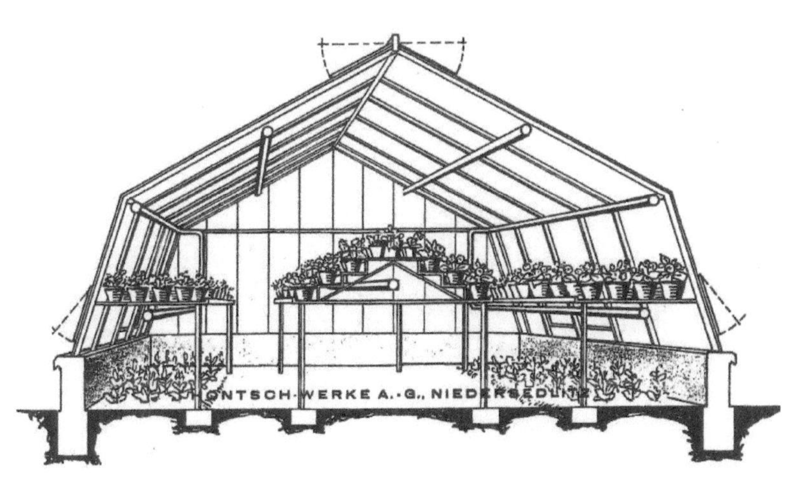

Abb. 17: Verschiedene Gewächshaustypen der Fa. Höntsch.

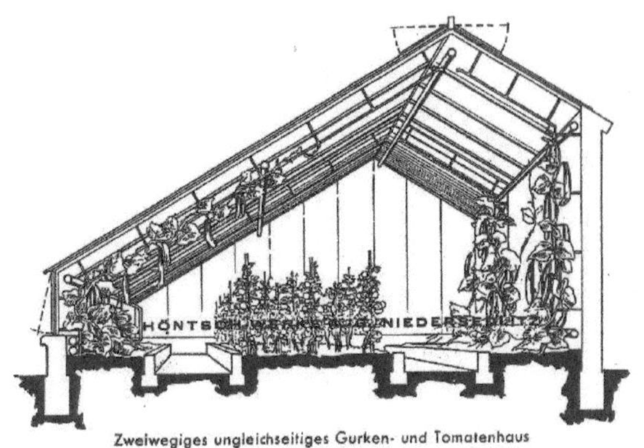

Zweiwegiges ungleichseitiges Gurken- und Tomatenhaus

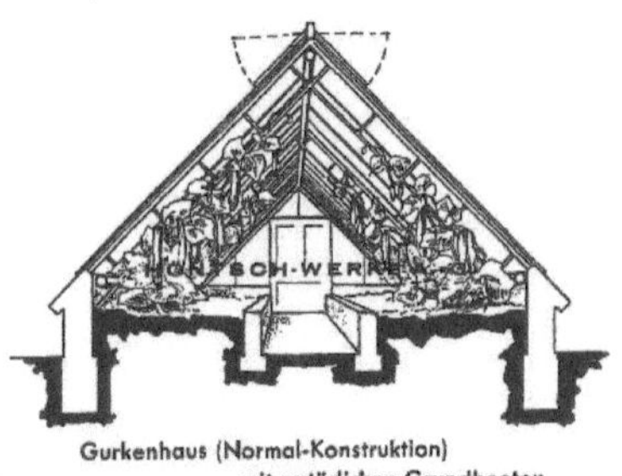

Gurkenhaus (Normal-Konstruktion)
mit natürlichen Grundbeeten

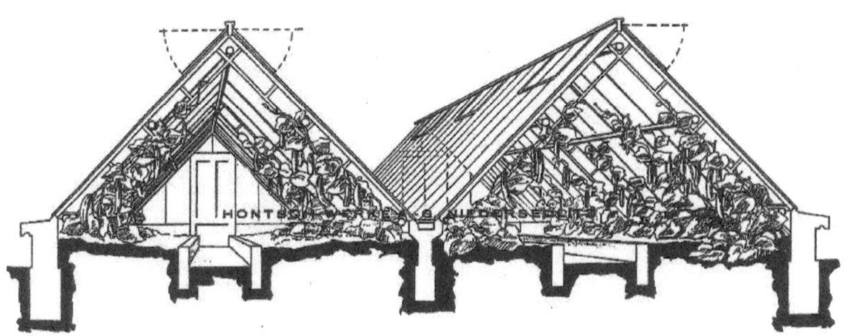

Zweischiffiges Gurkenhaus (Normal-Konstruktion)

Abb. 18: Verschiedene Gewächshaustypen der Fa. Höntsch.

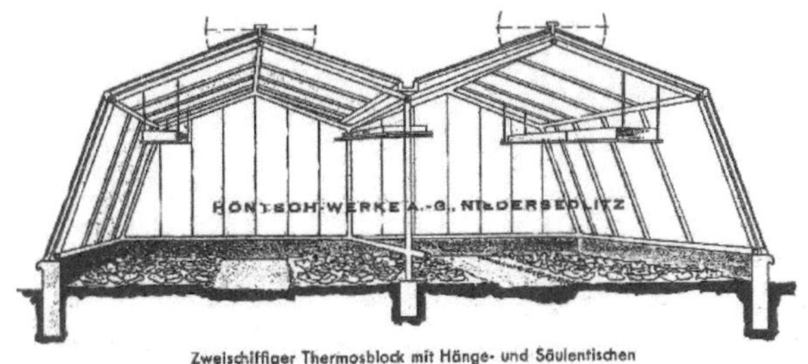

Zweischiffiger Thermosblock mit Hänge- und Säulentischen

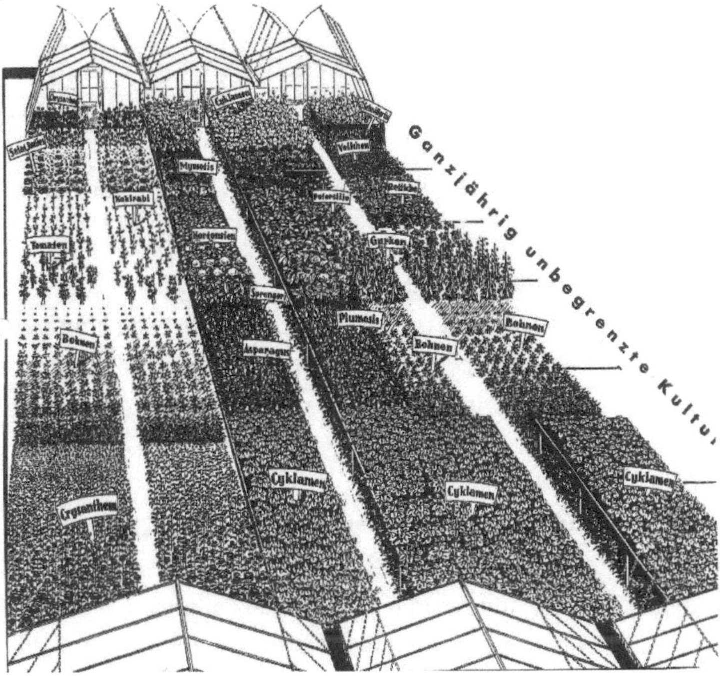

Abb. 19: Verschiedene Gewächshaustypen der Fa. Höntsch.

Abb. 20: Ein entdachbares Gewächshaus von Höntsch um 1935.

Gärtnerische Produkte wurden bis Mitte der fünfziger Jahre nur bedingt über weite Strecken transportiert, sondern gelangten meist auf dem regionalen Markt der nächst größeren Stadt zum Verkauf. Es ist dabei schwierig und vielleicht auch müßig, einzelne Anlagen hervorzuheben.

Innovation und Weiterentwicklung in den 1930er Jahren

Höntsch baute nicht nur für Gärtner, sondern auch für Bereiche der Wissenschaft und für repräsentative Ausstellungen. Herausragend war gewiss sein großer Komplex für tropische Pflanzen zur Weltausstellung in Antwerpen 1932, den Abbildung 23 zeigt. Sein Hauptfeld blieb jedoch der Erwerbsgartenbau.

Für den Erwerbsgartenbau versuchte Höntsch erneut eine gewisse Typisierung durchzusetzen. Dafür veröffentliche er bereits 1927 eine Normenübersicht, die sich im Wesentlichen auf vier Meter breite Einheiten konzentrierte.[12] Diese konnten als Einzelhaus oder in mehr-

12 Wehrhahn, o.J.

1895 30 1925

Großanlagen

Kulturhäuser mit Heizung Gartenbaubetrieb O t t o, Wolfenbüttel

Sehr vorteilhafte Gewächshausanlage Gartenbaubetrieb T ä u b n e r, Naumburg

Drillingsbau weitgespannter, freitragender Nelkenhäuser des Gartenbaubetriebes H o l z, Weimar

Abb. 21: Einzelbauten aus den 1920er Jahren.

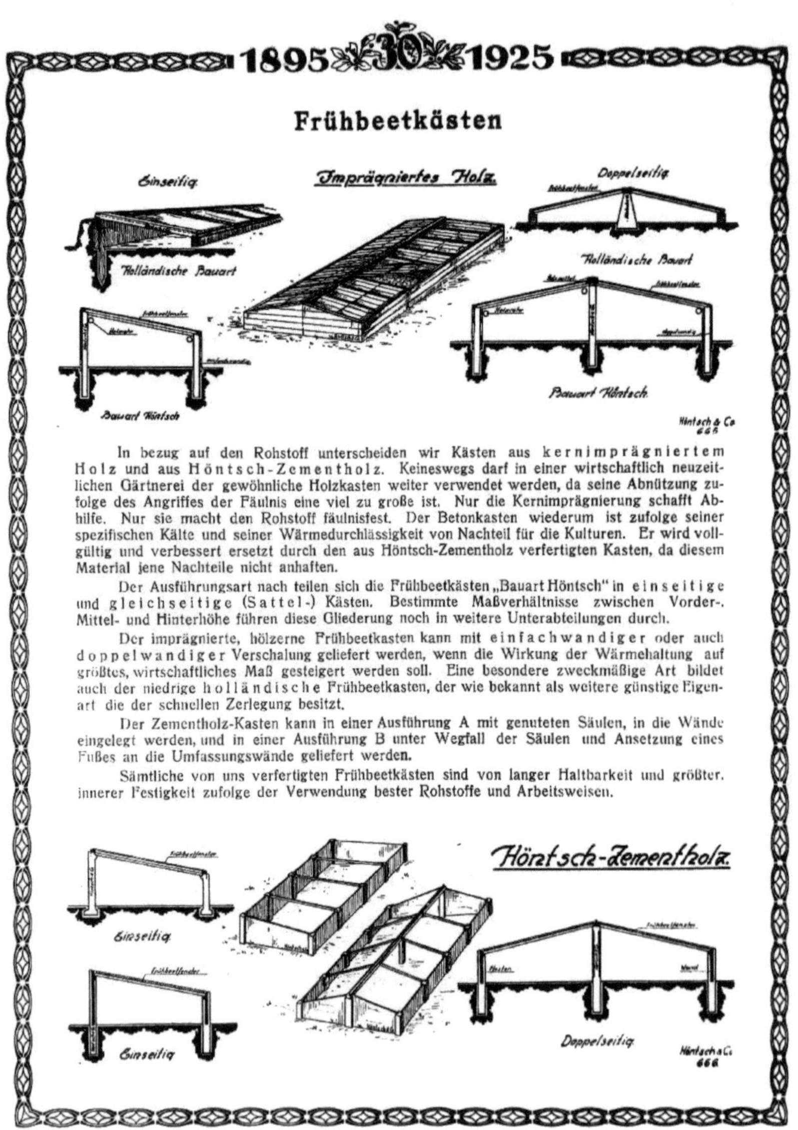

1895 30 1925

Frühbeetkästen

In bezug auf den Rohstoff unterscheiden wir Kästen aus kernimprägniertem Holz und aus Höntsch-Zementholz. Keineswegs darf in einer wirtschaftlich neuzeitlichen Gärtnerei der gewöhnliche Holzkasten weiter verwendet werden, da seine Abnützung zufolge des Angriffes der Fäulnis eine viel zu große ist. Nur die Kernimprägnierung schafft Abhilfe. Nur sie macht den Rohstoff fäulnisfest. Der Betonkasten wiederum ist zufolge seiner spezifischen Kälte und seiner Wärmedurchlässigkeit von Nachteil für die Kulturen. Er wird vollgültig und verbessert ersetzt durch den aus Höntsch-Zementholz verfertigten Kasten, da diesem Material jene Nachteile nicht anhaften.

Der Ausführungsart nach teilen sich die Frühbeetkästen „Bauart Höntsch" in einseitige und gleichseitige (Sattel-) Kästen. Bestimmte Maßverhältnisse zwischen Vorder-, Mittel- und Hinterhöhe führen diese Gliederung noch in weitere Unterabteilungen durch.

Der imprägnierte, hölzerne Frühbeetkasten kann mit einfachwandiger oder auch doppelwandiger Verschalung geliefert werden, wenn die Wirkung der Wärmehaltung auf größtes, wirtschaftliches Maß gesteigert werden soll. Eine besondere zweckmäßige Art bildet auch der niedrige holländische Frühbeetkasten, der wie bekannt als weitere günstige Eigenart die der schnellen Zerlegung besitzt.

Der Zementholz-Kasten kann in einer Ausführung A mit genuteten Säulen, in die Wände eingelegt werden, und in einer Ausführung B unter Wegfall der Säulen und Ansetzung eines Fußes an die Umfassungswände geliefert werden.

Sämtliche von uns verfertigten Frühbeetkästen sind von langer Haltbarkeit und größter, innerer Festigkeit zufolge der Verwendung bester Rohstoffe und Arbeitsweisen.

Abb. 22: Frühbeetkästen aus Zementholz und Frühbeetfenster, 1925.

Abb. 23: Gartenschauhaus der Fa. Höntsch für tropische Pflanzen, Weltausstellung 1932.

schiffiger Blockbauweise ausgeführt werden. Die Ausführung als Anlehnhaus, wobei der First an das Mauerwerk eines Gebäudes angebunden wurde und der gleichzeitig als Energiespeicher fungierte, war ebenfalls möglich. Sein Erfolg hielt sich damit wiederum in Grenzen. Höntsch war doch überwiegend auf die Erwartungen und Erfahrungen des Gärtners angewiesen und musste diesen entgegen kommen. Die gärtnerische Wissenschaft war noch ziemlich am Anfang. Die Gärtner waren Träger von wertvollen Erfahrungen mehrerer Generationen. Damit war jedoch eine Etappe eingeleitet, in welcher Architekten am Gewächshaus, soweit es für die gärtnerische Produktion bestimmt war, keine Hand mehr anlegen mussten. Baukonstrukteur und Klimatechniker bestimmten nahezu alles.

Die Eindeckung der Gewächshäuser erfolgte nun vorwiegend mit vier Millimeter starkem Blankglas. Die Scheibenbreiten entwickelten sich von ursprünglich 500 Millimeter Breite zu solchen mit 750 Millimeter Breite. Für die Effektivität des Gewächshauses war dies weiterhin von großer Bedeutung. Das war natürlich auch vom Leistungsvermögen der Glasindustrie abhängig. Einer einfachen Baukonstruktion im Gartenbau kam die Beheizbarkeit der Häuser entgegen, was ja im Grunde ihrer eigentlichen Funktion entsprach. Da so im Winter die Dachhaut stets angewärmt war, gestattete das bei der Statik gegenüber anderen Hochbauten geringere Schneelastannahmen. Diese konnten je nach geografischer Einordnung des Bauvorhabens im Einzelfall schon bis zu 50 Prozent betragen. Gefallener Schnee konnte ja rasch abtauen. Damit konnte das Tragwerk leichter und damit auch kostengünstiger errichtet werden. Doch es barg aber auch das Risiko hoher Gefahr bei einem möglichen Ausfall der Heizung im Winter – nach den gültigen Verträgen lagen jedoch Risiko und Verantwortung weitgehend beim Gärtner.

Erste Versuche mit Doppelverglasung

Im Interesse eines besseren Wärmehaushalts wurden erste Versuche mit doppelter Verglasung unternommen (siehe Abb. 10). Das minderte den Wärmedurchgang, erforderte jedoch eine stärkere Baukonstruktion. Es gelang beim Einbringen der Scheiben in die Baukonstruktion nicht, den Scheibenzwischenraum ordentlich abzudichten. So veralgte dieser rasch oder füllte sich mit Wasserdampf oder auch Kondensat. Lichtminderung war die Folge. Spätestens nach zwei Jahren Standzeit musste dieser Scheibenzwischenraum gereinigt werden. Das war dem Gärtner kräftemäßig nicht möglich. So wurde bis in die 1960er Jahre ausschließlich mit vier Millimeter starkem Einfachglas gearbeitet. Erst danach stand das heute übliche Isolierglas zur Verfügung.

Abdeckung von Gewächshäusern

Das Gartenbauverfahren erfolgte grundsätzlich im Grundbeet. Der Ausbau geschah mit Tischen und Stellagen für spezielle Kulturen. Obgleich die Fülle von Licht ein Hauptfaktor war, musste dieser für bestimmte Kulturen gesteuert werden. Viel hilft eben nicht immer viel. Dafür wurden auf der Dachfläche ausrollbare Schattendecken aus Stroh oder dünnen Leisten entwickelt. Im Winter konnten diese Decken ebenfalls Nacht für Nacht ausgerollt werden und senkten den Energieverbrauch (siehe Abbildung 9). Bis etwa 1920 war es durchaus üblich, dass die Gärtner im Winter zu diesem Zweck Abend für Abend die Dachflächen ihres Gewächshauses mit Holzbrettern ab-

Abb. 24: Beispiel für die Abdeckung der Gewächshäuser, vermutlich Gärtnerei Ziegenbalg, Dresden-Leuben um 1910.

deckten, die sie am folgenden Morgen wieder entfernen mussten. Abbildung 24 vermittelt den Eindruck eine auf solche Art vorbereitete Gewächshauswirtschaft in Dresden.

Entwicklung von Chemikalien

Noch vor dem Ersten Weltkrieg baute Höntsch eine kleine chemische Abteilung auf, die zu einem wichtigen Produktionszweig wurde. In dieser wurden Mittel zum Schutz der Oberfläche seiner Anlagen und besonders der Bauteile aus Holz hergestellt. Herausragt dabei das Holzschutzmittel „Höntsch-Fluid“, bei dem es ja auch auf die Verträglichkeit bezüglich der Pflanzen ankam. Ferner wurden Spezialfarben sowie Kitt zum Verglasen hergestellt. Diese Abteilung hat bis 1965 bestanden.

Beheizung der Gewächshäuser

Mit Höntsch wurde die über Jahrzehnte vorher übliche Kanalheizung von Glashäusern überwunden. Jäger hatte sie 1869 noch als wichtige Form der Heizung für Gewächshäuser beschrieben.[13]Die Heizung folgte überwiegend als Warmwasserheizung. Der von Höntsch ent-

[13] Jäger, H.: Allgemeines illustriertes Gartenbuch, Stuttgart und Leipzig 1869.

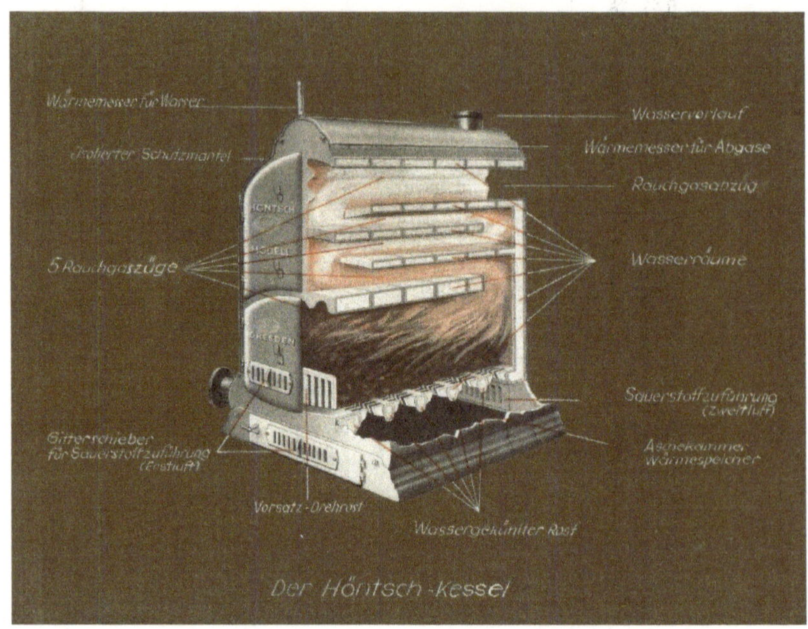

Abb. 25: Funktionsweise des sogenannten Höntsch-Kessels.

wickelte Gärtnerkessel stand in einem kleinen Kesselhaus neben der Anlage, mitunter auch in einem abgetrennten Teil des Gewächshauses. Der Kessel war als Gliederkessel gestaltet. Die Kapazität des Kessels konnte über die Anzahl der Glieder bestimmt werden. Die Abbildung 25 zeigt einen Funktionsquerschnitt. Große Entwicklungsarbeit war auf diesem Gebiet notwendig. Heizte man ursprünglich mit Steinkohle, war diese Quelle nach dem Ersten Weltkrieg weitgehend verschlossen. Nun waren Braunkohle, Torf und Holz erste Brennstoffe.

Expansion der Firma Höntsch

Am Vorabend des Zweiten Weltkrieges kann man ohne Übertreibung einschätzen: Mit seinen Gewächshaus- und sonstigen Glasbauten verkörperte Höntsch Dresden-Niedersedlitz nicht nur den größten und einen bedeutenden Betrieb der Gartenbautechnik in Deutschland. Er hatte für Europa – ja, in gewissen Grenzen sogar weltweite Bedeutung erlangt. Es bestanden Zweigwerke in Děčín (Tschechische Republik), Wien (Österreich), Posen (Polen), Brod (Jugoslawien) und Sankt Gallen (Schweiz). Handelsniederlassungen unterhielt Höntsch in allen europäischen Staaten sowie in den USA und China. In China, konkret in Tianjin, besser bekannt als Tientsin, südöstlich von Peking gelegen, unterhielt Höntsch in den 1920er Jahren ein kleines Zweigwerk. In Deutschland bestanden Handelskontore in Berlin, Bremen, Breslau, Frankfurt/Main, Königsberg, Köln u. a. – praktisch in allen bedeutenden größeren Städten.

1927 löste sich der leitende Mitarbeiter des Unternehmens, Karl Weigelt, aus dem Unternehmen und gründete die eigene Gewächshausfirma Karl Weigelt OHG Niedersedlitz. 1928 folgte ihm Willy Petzold und baute ebenfalls einen eigenen Gewächshausbaubetrieb, die Fa. Willy Petzold KG, auf. Beide Firmen bauten bis weit nach 1945 selbständig Gewächshäuser. In den ersten Jahren der DDR gehörten sie der damals üblichen Erzeugnisgruppe Gewächshäuser an.

Der Zweite Weltkrieg und die Folgen für die Firma Höntsch

Der erste und auch der Zweite Weltkrieg bedeuteten für den Gewächshausbau bedeutende Einschnitte. Auch die schwere Weltwirtschaftskrise 1929 bis 1932 führte zu enormen Schwierigkeiten. Ein drohender Konkurs, ausgelöst durch fehlende Zahlungen für erbrachte Leistungen, konnte nur mit staatlicher Unterstützung überwunden werden. Stets wurden dann weniger Gewächshäuser gebaut. Da auch in normalen Zeiten der Umsatz im Gartenbau schwanken konnte, versuchte Höntsch auf seinen drei technologischen Linien Holzbau, Stahlbau und Heizungsinstallation aufbauend, im gegebenen Fall andere Erzeugnisse zu fertigen. Das geschah vorwiegend mit dem Bau von Holzhäusern und Baracken.

Ein bedeutendes Bauvorhaben dieser Art bildete nach dem Ersten Weltkrieg, vor allem aus sozialer Sicht die Errichtung einer Siedlung von 50 Holzhäusern im Dresdner Stadtteil Prohlis. Die quälende Wohnungsfrage sollte mit kleinen, einfachen Wohnstätten entspannt werden. Zwischen 1926 und 1930 wurde sie vorwiegend von Höntsch gebaut. Beim Bombenangriff auf Dresden 1945 wurde die Anlage vernichtet.[14] Anette Dubbers hat 2012 darüber berichtet.

---

14 Dubbers, Anette: Prohlis. Aus der Geschichte eines Dresdner Stadtteiles, Dresden 2012

In beiden Weltkriegen wurde Höntschs Firma in die Kriegsproduktion eingebunden. Holzhäuser bildeten als Gebäude für militärische Zwecke einen wichtigen Ansatzpunkt. Schnell errichtete Lagerhäuser, Unterkünfte für Soldaten und für Kriegsgefangene wurden gebraucht. In der Firma wurden auch Kriegsgefangene für die Produktion eingesetzt.[15] Die genaue Einbindung der Firma Höntsch in die Kriegsproduktion müsste gesondert untersucht werden. Letztendlich führte die Kriegsproduktion dazu, dass die Firma Höntsch 1946 unter die nach dem Potsdamer Abkommen von 1945 zu enteignenden Betriebe fiel und demontiert wurde.

Der Begründer des Dresdner Gewächshausbaues, Georg Höntsch, hat das nicht mehr erlebt. Er starb 1945 und hinterließ eine Fülle von Ideen, die zum Teil nach seinem Tod nach 1945 fortgeführt wurden. Dazu zählen der Entwurf eines Wendedach-Gewächshauses und einer Thermosrohrsprosse, die als Ergänzung zum bisher entwickelten Thermosgewächshaus gedacht war. In diesem Haus bildeten nun Stütze, Binder, Pfette und Sprosse den Warmwasserkreislauf zur Beheizung des Gewächshauses.

Es ist schwierig, Leistungsangaben zu vermitteln. Die Quellen fehlen weitgehend. In seiner Autobiografie „Tat gestaltet“, erschienen 1941, hat Höntsch die nachfolgenden Angaben hinterlassen:[16]

1. **Umsatz:** 1895 50.000 Reichsmark
   1940 9.000.000 Reichsmark
   Gesamtsumme dieser Jahre: 123.145.000 Reichsmark

   Diese Zahlen sind natürlich nur unter Beachtung der gesellschaftlichen Veränderungen seit dieser Zeit zu betrachten. Für die Wertung der Entwicklung sind sie dennoch wichtig.

---

[15] Im Sommer 1987 suchten drei ältere französische Herren überraschend den Betrieb auf, die 1944/45 als Kriegsgefangene dort gearbeitet haben. Diese Wirkungsstätte wollten sie sich ansehen. Obwohl niemand Französisch sprechen konnte und sie kaum Deutschsprachen, kam eine kurze freundliche Unterhaltung zustande.

[16] Höntsch, Georg: Tat gestaltet, Lebensbericht; Leipzig 1941.

2. **Arbeitskräfte:** Diese Zahlen schwankten beträchtlich. Bis zum Beginn des Ersten Weltkrieges wuchsen sie bis auf 900. Nach dem Ersten Weltkrieg stiegen sie gar bis auf 1.600 an, um 1940 bei etwa 500 anzukommen. In beiden Weltkriegen sind zeitweilig auch Kriegsgefangene zur Produktion eingesetzt worden.

3. **Werbung:** In einer Werbeschrift zum 30-jährigen Bestehen der Firma kann man als Angabe für die Tagesproduktion im Jahre 1925 lesen: drei Gewächshäuser, drei Höntsch-Kessel und 400 Frühbeetfenster.

Höntsch-Wendedach mit aufklappbaren Dach- und Seitenwänden
Nr. 5

D.R.P. angem.

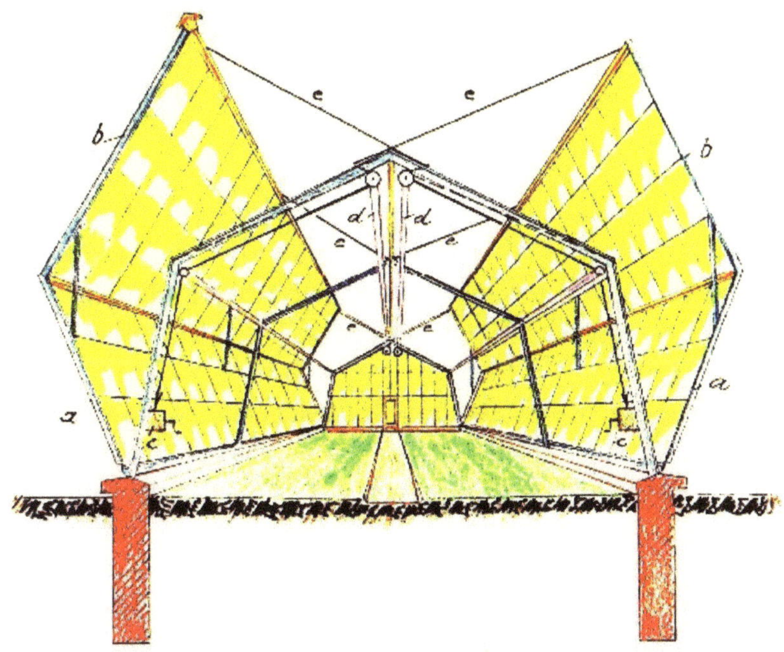

Abb. 26: Patentvorschlag der Fa. Höntsch, um 1941.

Der Dresdner Gewächshausbau zwischen 1945 und 1990

Das Ende des Zweiten Weltkrieges bedeutete die Besetzung Deutschlands durch die vier Siegermächte und die Einteilung in vier Besatzungszonen: die amerikanische, die englische, die französische und die sowjetische. Dresden und damit der Stammsitz der Fa. Höntsch lagen in der sowjetischen Zone. Entsprechend den am Ende des Krieges von den Siegermächten getroffenen Vereinbarungen waren alle deutschen Eigentumsrechte in ausländischen Staaten erloschen. Zu den einstmaligen Zweigwerken der Fa. Höntsch gab es keinerlei Verbindung mehr. Zum ehemaligen Zweigbetrieb in Děčín konnte später in den 1970er Jahren zeitweilig wieder Kontakt aufgenommen werden, der aber nur sporadisch war und 1990 sofort wieder abbrach.

Neubeginn als VEB Holz-, Stahl- und Glasbau Dresden

Die gesellschaftliche Entwicklung in der Sowjetischen Besatzungszone Deutschlands (SBZ oder auch Ostzone genannt), der späteren DDR, soll im Einzelnen nicht weiter dargestellt werden. Nur so viel: Der Betrieb wurde beschlagnahmt und zeitweise von Angehörigen der Roten Armee besetzt. Aus der Menge der im Juli 1945 anwesenden Beschäftigten wurde der Meister Max Janz als neuer Betriebsleiter ausgewählt. Mit einem Schreiben vom 10. November 1945 wurde er zunächst vom Ortsbürgermeister von Niedersedlitz im Amt bestätigt. Schließlich wurde Max Janz mit Schreiben vom 19. Dezember 1945 durch die Landesverwaltung Sachsen, Amt für Betriebsneuordnung, zum kommissarischen Treuhänder bestallt. Mit einem Schreiben vom 27. August 1948 der Landesregierung Sachsen, Ministerium für Industrie und Verkehr, Amt für volkseigene Betriebe, wurde dem Betriebsleiter mitgeteilt, dass die Fa. Höntsch enteignet, der beiliegende entsprechende Feststellungsbescheid der Fa. Höntsch zu übergeben und diese mithin gleichzeitig zu übernehmen sei. Soweit die Fakten.
Mit der Gründung der DDR 1949 wurde der Sozialismus als Gesellschaftsformation Staatsziel. Damit verbunden war die große gesellschaftliche Umwälzung dieses Teiles von Deutschland mit der Schaffung von Volkseigentum als Grundlage der künftigen Entwicklung. Die

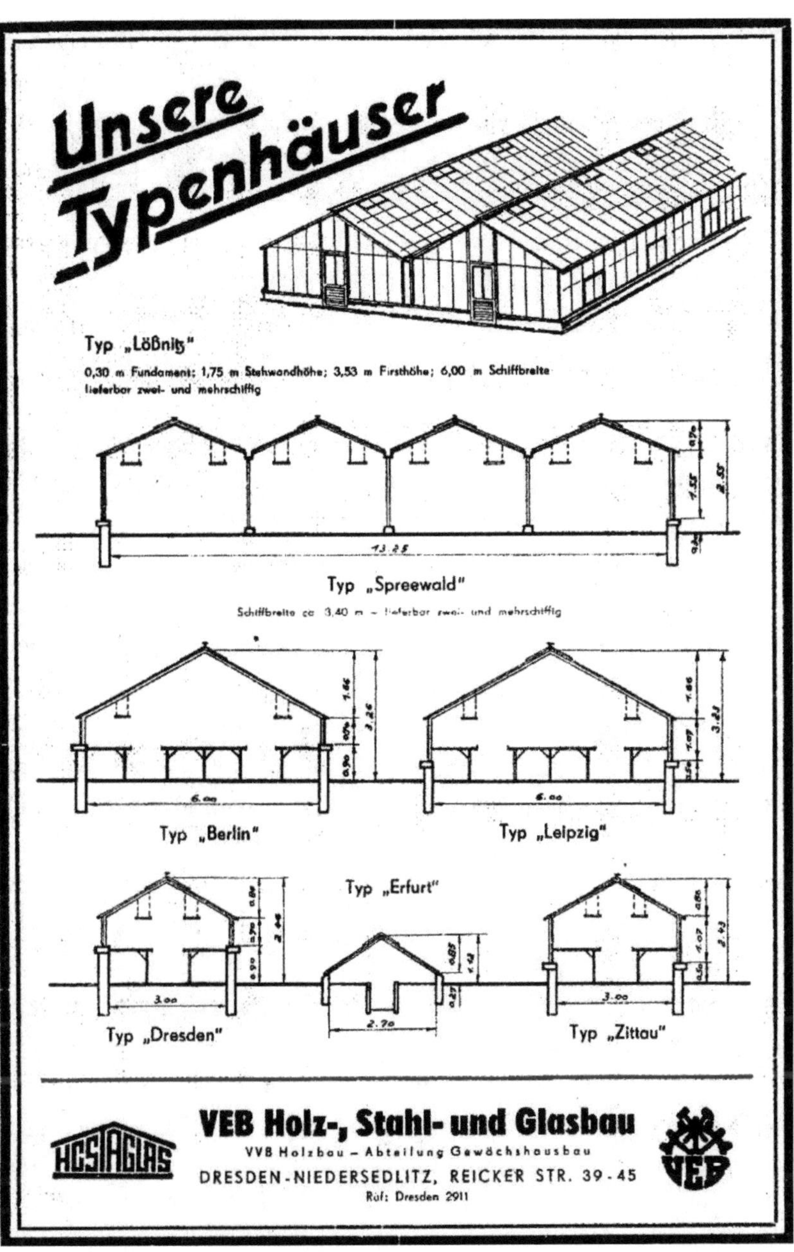

Abb. 27: Modelle des VEB Holz-, Stahl- und Glasbau HOSTA-GLAS, um 1950.

Fa. Höntsch war wie die Masse der Industriebetriebe in der Ostzone enteignet und bestand nun als volkseigener Betrieb mit dem Namen VEB Holz, Stahl- und Glasbau Dresden fort. Die Abkürzung HOSTA-GLAS, in Satteldachform geschrieben (siehe Abbildung 27), wurde als gesetzlich geschütztes Warenzeichen genutzt.
Der Neuanfang nach dem Zweiten Weltkrieg war denkbar schwer. Der Betrieb gelangte 1946 auf die Liste derjenigen Unternehmen, die zur Wiedergutmachung der in der Sowjetunion angerichteten Kriegsschäden demontiert werden sollte. Seine wichtigsten technischen Ausrüstungen wurden in die Sowjetunion verbracht.
Der erst neu berufene Direktor und weitere engagierte Mitarbeiter sorgten unter schwierigsten Bedingungen für das Fortbestehen des Betriebes. Kriegsschäden waren zum Glück nicht zu verzeichnen, doch mit fehlenden Materialien und in völlig neuen Strukturen versuchten die Mitarbeiter, nach dem verheerenden Krieg die Produktionsstätte an sich zu erhalten und in gewisser Weise in einen normalen Arbeitsalltag zurückzukehren.
Ergänzend sei hinzugefügt: Weitere Kapazitäten des Gewächshausbaues der DDR waren in einer Erzeugnisgruppe „Gewächshäuser" locker zusammengefasst. Neben den beiden Firmen Weigelt und Petzold gehörten ihr acht weitere kleinere Betriebe außerhalb Dresdens an. Der VEB Holz-, Stahl- und Glasbau Dresden nahm dabei eine Leitfunktion wahr, die sich auf fachliche Anleitung konzentrierte. Staatsrechtlich waren diese Betriebe den jeweiligen örtlichen Organen ihres Sitzes zugeordnet. Auch sie leisteten angemessene Beiträge zum Gewächshausbauprogramm der DDR.
So begann ein neues Arbeitsleben nach dem Krieg. Mit einfachsten Werkzeugen wurde vielfach von Hand gefertigt. Aus Trümmergrundstücken wurden Maschinen oder Teile davon geborgen, wieder hergerichtet und in Betrieb gesetzt. Schließlich konnten auch erste neue Maschinen bezogen werden. Da im Unternehmen eine starke Holzbauabteilung bestanden hatte, wurde dem nunmehrigen Staatsbetrieb zunächst vielfältige Aufgaben für den Wiederaufbau von Dresden und der umliegenden Städte übertragen. Türen, Fenster, Holzhäuser und Zimmereibauelemente nahmen den größeren Teil der Pro-

Abb. 28: Ausstellungsstand auf der damals jährlich stattfindenden Landwirtschaftsausstellung der DDR in Markleeberg bei Leipzig 1955.

duktion ein. Parallel dazu erhielt der Betrieb 1945 bis 1948 die Aufgabe, größere Holzhausbauten, sogenannte Standardhäuser, in die Sowjetunion zu liefern. Sie waren Teil der Reparationen, welche die Ostzone auf der Grundlage des Potsdamer Abkommens der Siegermächte von 1945 gegenüber der Sowjetunion zu leisten hatte.

Der Gewächshausbau konnte sich nur allmählich wieder zum entscheidenden Teil der Fertigung entwickeln. Dessen Sortiment bewegte sich zunächst in den Typen, die Höntsch bis 1945 bereits gefertigt hatte. Das waren im Wesentlichen schmalschiffige Häuser mit drei bis sechs Meter Breite (siehe Abbildung 27).

Die demontierte Kesselgießerei konnte nicht ersetzt werden. Kessel bezog man nun von der Nationalen Radiatorengesellschaft NARAG Schönebeck.

Zwischen 1950 und 1955 begannen in der DDR Aktivitäten zur Bildung von Genossenschaften und volkseigenen Gütern im Gartenbau. Das gehörte zum Regierungsprogramm. Um es vorweg zu nehmen, diese Bemühungen wurden nicht mit der gleichen Konsequenz verfolgt wie in der Landwirtschaft. 1984 standen etwa 740 Betriebe der sozialistischen Eigentumsform 2.950 privaten Gartenbaubetrieben gegenüber. Anders sah es mit der gärtnerischen Nutzfläche aus. Dort waren 85 Prozent volkseigen oder genossenschaftlich und 15 Prozent gehörten privaten Erwerbsgärtnern.[17]

In dieser Zeit stellte die Regierung der DDR das Ziel, die Pro-Kopf-Produktion an Gemüse aus dem Vorkriegsniveau zu erreichen und deutlich zu überbieten. Dem lagen die folgenden Werte zugrunde: 1938 wurde 58 Kilogramm Gemüse pro Jahr produziert, wohingegen es 1951 nur 55 Kilogramm pro Jahr waren.

Das ehrgeizige Ziel wurde etwa 1955 erreicht. Bis 1965 sollten 100 Kilogramm erzielt werden.[18] Dabei galt das besondere Augenmerk dem Angebot an vitaminreicher Kost im Winterhalbjahr. Es war staatliche Aufgabe, dieses Ziel eben mit Hilfe der Bildung von Genossenschaften und der damit erwarteten Möglichkeit einer wesentlich höheren Produktivität im Gartenbau (man sprach damals vorwiegend von Gemüsebau) zu garantieren. Der Faktor Gemüseimport sollte, und das galt im Prinzip bis zum Ende der DDR, keine wesentliche Rolle spielen. Der Dresdner Betrieb hatte klar von diesem Fakt auszugehen: Das volkswirtschaftliche Ziel bestand in der weitgehenden Eigenversorgung mit Gemüse, also aus eigenem Aufkommen des Landes DDR, was zum Staatsprogramm erklärt wurde.

Deshalb begann in der DDR das größte Gewächshausbauprogramm in der deutschen Geschichte. Zeitweilig wurden mehr als doppelt so viele Gewächshäuser im Jahr als in der damaligen BRD gebaut, was einfach eine Folge der völlig unterschiedlichen Wirtschaftspolitik war. Dabei konnte von der propagierten Stärke oder gar Überlegenheit des Sozialismus nicht die Rede sein, da es einfach in der devisenarmen DDR keine Alternative zu diesem Konzept gab.

Die Bundesrepublik befriedigte schon damals ihren Bedarf an Zierpflanzen und Gemüse aus einem nicht geringen und auch ständig wachsenden Import, was den dort ansässigen Gärtnern sicher nicht

---

[17] Staatliche Statistik der DDR, unveröffentlicht, Archiv des Autors.

[18] Reinhold 1960.

immer gefallen hat. Die DDR war vorwiegend auf Eigenproduktion angewiesen. Das sollte sich 1990 gleichsam über Nacht vollständig ändern und brachte Teile des Gartenbaues und die Gewächshausindustrie der DDR zum Erliegen. In der BRD hatte sich vorher ein ähnlicher Prozess auf Jahrzehnte verteilt vollzogen.

Die ersten Gewächshaus-Modelle der DDR

Die um 1900 noch anzutreffende Vielfalt der Gemüsekulturen wurde aus wirtschaftlichen Gründen besonders nach dem Zweiten Weltkrieg eingeschränkt. Hauptkulturen im Gewächshaus waren neben einem angemessenen Anteil an Zierpflanzen jetzt vor allem Gurken, Tomaten, Salat und Paprika.

In Abstimmung mit dem Institut für Gemüsebau Großbeeren (bei Potsdam), anderen wissenschaftlichen Einrichtungen und maßgeblichen Staatlichen Stellen der Landwirtschaft, wurde ein Universalgewächshaus in Blockbauweise mit einer Schiffbreite von vier Metern entwickelt. Das entsprach dem Wesen nach dem politischen Auftrag zur Vorbereitung und Durchführung der Genossenschaftsbildung im Gartenbau der DDR.

Der Aufbau von neuen Gewächshäusern konzentrierte sich auf Wiederverwendungsprojekte in den Einheiten 0,3, 0,6, 1,2 usw. Hektar Nutzfläche, die dann örtlich angepasst wurden.[19] Die Anlage bestand aus einem 5,50 Meter breiten Verbindungshaus, von welchem kammartig die eigentlichen Produktionshäuser mit vier Meter breiten Schiffen, als Blockeinheit zu jeweils sieben Schiffen zusammengefasst, abgingen. Abbildung 29 vermittelt den idealen Lageplan einer solchen Anlage. Dieses Gewächshaus wurde als Typ MZG 0/55 bekannt.

MZG steht für Mehrzweckgewächshaus, ein Prinzip, das in allen Entwicklungen der Folgejahre angestrebt wurde.[20] Das neue bestand neben der fortschreitenden Mechanisierung, z.B. der elektrisch betriebenen Lüftung, hier darin, dass erstmalig das System der Luftheizung (Vorlauf 90 Grad) einheitlich angewendet wurde. Man hoffte damit

---

[19] Kranstöver, 1961.

[20] In der BRD versuchte man mit der DIN 11 536 ein Normenhaus mit 12 m Breite zu entwickeln. Vgl. von Zabeltitz, 1986, a.a.O. S. 14.

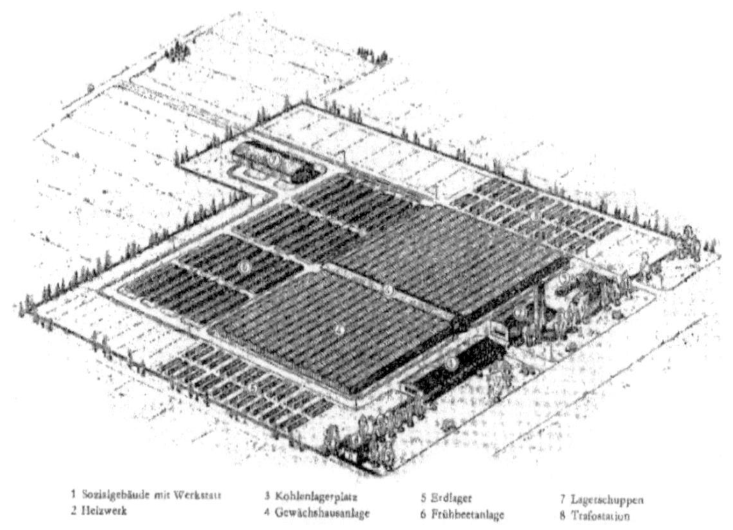

Abb. 29: Die Gewächshausanlage MZG 0/55 mit den im Zentrum liegenden Gewächshäusern (bezeichnet mit 4).

wirtschaftlich dem Engpass an Röhren, die für die herkömmliche Warmwasserheizung unabdingbar waren, zu begegnen. In Auswertung dabei gewonnener Erfahrungen, die zum Teil schmerzlich und auch kostspielig waren, wurde es später zum kombinierten System Luft-Rohr-Heizung weiterentwickelt. Man hätte damals die Literatur gründlich studieren müssen, denn Hinweise in dieser Richtung hat es bereits gegeben.[21] Abbildung 30 zeigt eine Anlage in Quedlinburg um 1960. Insgesamt wurden in der DDR bis 1968 150 Hektar unter Glas dieses Typs errichtet. Bis zu einem gewissen Grad wurde dieses Gewächshaus auch nach holländischem Vorbild konstruiert. Die Holländer hatten schon längere Zeit vorher einheitlich mit einem vier Meter breiten Venlo-Typ gearbeitet (was sie auch heute noch tun!). Die ursprüngliche Misch-Konstruktion aus Holz und Stahl wurde laufend im Detail dahingehend überarbeitet, das alle Holzbauteile nach und nach durch solche aus verzinktem Stahl ersetzt wurden. Die Ganzstahlbauweise sollte künftig Normalität werden – das wurde 1965 erreicht. 1965 wurde außerdem eine eigene Feuerverzinkerei in Betrieb genommen. Nun konnten alle Stahlbauteile verzinkt, der beste Korro-

[21] Vgl. Böhmig, Franz: Gewächshäuser und Frühbeete, Berlin 1943.

Abb. 30: Gewächshausanlage vom Typ MZG 0/55 in Quedlinburg 1959.

sionsschutz, ausgeliefert werden. Die Gärtner kritisierten diese Einheitslösung wiederholt und verlangten individuellere Angebote. In geringem Umfang wurde ein zwölf Meter breites Einzelhaus für den Zierpflanzenbau und ein neun Meter breites Haus speziell für die Anzucht von Jungpflanzen entwickelt und angeboten. Die Blockgewächshausanlage mit vier Meter breiten Schiffen wurde 1968 weiterentwickelt. Es entstand der Typ MZG 69. Er verfügte bei vier Metern Breite eine größere Dachlüftung, dergestalt, dass beide Dachseiten komplett gehoben oder gesenkt werden konnten. Damit wurde ein größerer Lüftungseffekt erzielt. Im konstruktiven Aufbau entsprach dieses Gewächshaus dem von Höntsch nach 1927 bereits praktizierten entdachbaren Gewächshaus.

Sowohl der Typ MZG 0/55 wie der ähnliche Typ MZG 69 wurden den Forderungen aus der Notwendigkeit einer Modernisierung und Vereinfachung der gärtnerischen Arbeiten, die bei der Größe der geforderten Gewächshausanlagen unabdingbar waren, nur ungenügend gerecht. 1972 wurde als Lehre daraus ein Erzeugnissystem für Gewächshäuser (EG) in der Baufolge achtzehn, zwölf, neun und vier Meter Breite gestaltet.[22] Dafür galten die Typ-Bezeichnungen EG 1 bis EG 4. Als EG 4 wurde der zuletzt genannte Typ MZG 69 mit gößerer Stützhöhe eingegliedert. Der Grundgedanke war folgender: Aus einem Baukasten weitgehend gleicher oder ähnlicher Bauteile sollten individu-

[22] Scharnhorst / Schröter, 1974.

Abb. 31: Gewächshäuser des Typs MZG 69 in Kislowodsk (Kaukasus), 1971.

Abb. 32: Paprikaernte mit typischer Arbeitsbekleidung unter Gewächshausbedingungen, Gewächshaus vom TYP EG 2 mit zwölf Metern Breite, 1972.

Abb. 33: Gewächshaus von 18 Metern Breite mit dem damals üblichen Traktor ZT 300 als Beispielobjekt auf der IGA in Erfurt 1971.

elle Gewächshausanlagen wirtschaftlich produziert und errichtet werden können. Als weiterer Fakt musste, bereits angesprochen, die Notwendigkeit der unbedingten Mechanisierung aller gärtnerischen Tätigkeiten beachtet werden.

Der Einsatz von Technik

Zur Erleichterung und effektiveren Gestaltung der gärtnerischen Arbeiten in den wesentlich größeren Gewächshauseinheiten wurden vor allem Mechanisierungsmittel (z. B. Kleintraktoren) dringend benötigt. Kleintechnik stand dem Gartenbau der DDR aber nicht zur Verfügung. Zur Lösung der mit der Mechanisierung aller gärtnerischen Tätigkeiten verbundenen Fragen konnten nur Betriebsmittel der Landwirtschaft eingesetzt werden. Damit mussten zunächst die Gewächshausbauer und anschließend die Gärtner leben, obwohl es im Wesentlichen ein völlig unbefriedigender Zustand war.

Deshalb musste man die Gegebenheiten beim Gewächshausbau entsprechend anpassen. Erforderlich waren freie Durchfahrthöhen, mithin Traufhöhen, von drei Metern. Nur so konnte der Traktor ZT 300

Abb. 34: Ausstellungsstand in Erfurt 1971.

gefahrfrei im Haus genutzt werden. Der Grundtyp dieses Erzeugnissystems, Gewächshaus EG 1, wurde auf der Internationalen Gartenbauausstellung IGA in Erfurt 1971 mit einer Goldmedaille ausgezeichnet (vgl. Abb. 34). Mit diesem Gewächshaustyp wurde die größte Stahl-Glas-Anlage der DDR mit rund 16 Hektar gärtnerischer Nutzfläche oder 95 Einzelhäuser 18 Meter breit und vorwiegend 100 Meter lang (der gegebenen Landschaft angepasst teilweise mit 50 Meter Hauslänge) in Neubrandenburg aufgebaut. In der DDR kamen damit 70 Hektar und vom zwölf Meter breiten Typ 100 Hektar zum Aufbau.

Der Einsatz von Plastwerkstoffen im Gewächshausbau der DDR

In dieser Zeit wurde in der DDR auch der Einsatz von glasfaserverstärkter Plaste (in der DDR als GUP-Platte bezeichnet) anstelle von Glas im Gewächshausbau erprobt.[23] Außerhalb der Verantwortung des Dresdner Spezialbetriebes wurde ein Einheitstyp als Rundbogen mit neun Metern Breite entwickelt, eingedeckt mit GUP, der rasch allseitig gefördert Verbreitung fand.

Der Dresdner Betrieb stand unter harter Kritik, weil dort am Glas aus

23 Vgl. Vogel, 1968. In der Praxis kamen Hartplaste und Weichplaste zum Einsatz. In unserem Fall handelt es sich bei der GUP-Platte um Hartplast. Viel größeren Einsatz erzielten Folien in den kleineren Folienzelten, womit sich der Betrieb nur am Rande befasst hat.

Abb. 35: Gewächshaus EG 2 mit zwölf Metern Breite, mit Schattierung, gleichzeitig Energieschirm, um 1975.

Erfahrung festgehalten wurde.[24] Gewächshäuser sollten jedoch nur noch mit Plastwerkstoffen eingedeckt werden. Ein staatliches Verwendungsverbot für Glas im Gewächshausbau stand im Jahr 1973 unmittelbar bevor. Allerdings bestanden auch aus der Praxis ernsthafte Bedenken gegen den Einsatz dieser Plaste. Sie war mittelfristig nicht erprobt und erwies sich in der Praxis schnell als nicht lichtbeständig. Die hiergegen erhobenen ernsthaften Einwände hatten schließlich Erfolg.

Dem Dresdner Betrieb wurde 1974 trotzdem eine entsprechende Fertigungskapazität des Plast-Gewächshausbaues im Spreewald staatsrechtlich zugeordnet und somit auch die Verantwortung für die weitere Entwicklung dieses neuen Gewächshaustyps übertragen. Damit produzierte der Dresdner Betrieb mit seinem Zweigwerk in Butzen, Kreis Lübben, nun auch Plastegewächshäuser. Trotz vielfältiger Bemühungen mit dem Produzenten dieser GUP-Platte konnten die sich rasch abzeichnenden Qualitätsmängel nicht behoben werden, da die damit errichteten Gewächshäuser innerhalb weniger Jahre nachdunkelten. Die Lichtstärke im Haus nahm um fast 50 Prozent ab. Das wirkte sich negativ auf die gärtnerischen Ergebnisse aus. Deshalb

[24] Vgl. Joachim Leuschner/Wolfgang Rasehorn: Stand der Entwicklung des Stahl-Plast-Gewächshauses Baukastenreihe G 300; in: Gartenbau, Monatszeitschrift des VEB Deutscher Landwirtschaftsverlag der DDR; 1974, Nr. 3, Beilage Seite 1 ff.

wurde die Produktion derartiger Häuser schließlich 1982 eingestellt. Die größte Gartenbauwirtschaft mit diesem Typ bestand in Vockerode/Elbe nahe Dessau mit 22 Hektar Nutzfläche unter Plaste. Insgesamt wurden in der DDR bis 1982 mit diesem Typ Gewächshäuser im Umfang von 190 Hektar in Betrieb genommen. Sie mussten in den letzten Jahren der DDR allesamt mit der inzwischen lichtmäßig verbesserten Gewächshausplatte nachgerüstet werden.

Gewächshausexport aus Dresden

Beginnend 1972 wurden auch Gewächshäuser aus Dresden exportiert. In Größenordnung geschah das in die UdSSR und nach Bulgarien. Weitere Exportländer waren Ungarn, Polen und Tschechien. Außergewöhnliche Schwierigkeiten bereiteten Lieferung und Aufbau einer 6.000 qm umfassenden Anlage in die Mongolei 1978/1979. Unter den dort herrschenden klimatischen Bedingungen war die Montage nur von März bis September möglich, sodass diese in zwei Jahresabschnitten durchgeführt werden musste.

Besonders in Erinnerung geblieben ist den Dresdner Fachleuten der Einsturz einer größeren Anlage in den Rhodopen, Bulgarien. Sie befand sich in etwa 800 m Höhe. In der Silvesternacht von 1968 auf 1969 kam es zu einem Wetterumschwung mit Temperatursturz und heftigem Schneefall. Da gleichzeitig die Elektroenergieversorgung im Kreismaßstab ausfiel, kam es bei der dort installierten Luftheizung zum Totalversagen und zum Einsturz von 3.000 Quadratmetern Glasfläche, da der Schnee nicht abtaute und nun als übermäßige Last wirkte. Interessant war bei den näheren Untersuchungen, dass das Glas der zunehmenden Last lange standhielt. Erst als sich innen die Stützen verformten und die Schraubverbindungen rissen, brach auch das Glas. Die Anlage wurde demontiert und anschließend neu errichtet. Als Schlussfolgerung ordnete die Staatliche Bauaufsicht der DDR eine Anhebung der Mindestschneelastannahme von 20 Prozent und die besondere Einzelfallprüfung bei geplanten Anlagen ab 400 Metern Höhenlage an.

Bis 1993 wurde eine letzte Gewächshausanlage in die Sowjetunion geliefert und montiert. Alle Versuche, vorhandene Beziehungen in die

Abb. 36: Blockanlage mit den zwölf Meter breiten doppelschiffigen Einheiten vom Typ EG 2, Budapest 1975.

Ostblockländer nach 1990 fortzuführen oder wiederzubeleben scheiterten jedoch. Eine nunmehr letzte Gewächshausanlage wurde 1998/ 1999 in die Schweiz mit rund 5.000 Quadratmeter Fläche geliefert. Das war eine in Zellen gegliederte Versuchsanlage für einen Chemiekonzern. An lebenden Pflanzen sollten dort Versuche mit Pflanzenschutzmitteln bei simulierten unterschiedlichen Klimasituationen unternommen werden können.

Eingliederung in das Metallleichtbaukombinat

1969 wurde der Dresdner Betrieb in das neu gebildete Metalleichtbaukombinat der DDR eingegliedert, einer Industrievereinigung des Stahlbaues. Er hieß nun VEB Metalleichtbaukombinat Werk Dresden. Damit wurde er als Stahlbauer behandelt.

1972 fasste der Ministerrat der DDR einen Beschluss zur weiteren Verbesserung der Gemüseversorgung und als Folge daraus bzw. als Voraussetzung dafür Maßnahmen zur Erhöhung der Herstellung von Gewächshäusern. Der Dresdner Betrieb gelangte in den Rang eines zentralen Fertigungsbetriebes und Hauptauftragnehmers für komplette Gewächshausanlagen. Ihm wurden auf staatsrechtlichem Wege mehrere örtliche Kapazitäten in Berlin, Dessau, Neukirchen und im

Spreewald zugeordnet. Die beiden Dresdner Firmen Weigelt und Petzold, die zu diesem Zeitpunkt bereits halbstaatliche Betriebe waren, wurden erst in das Volkseigentum überführt und danach ebenfalls in den Dresdner Betrieb juristisch eingegliedert. Die beiden geschäftsführenden Komplimentäre, Karl-Heinz Weigelt und Reinhardt Petzold (die zweite Generation nach den Firmengründern) übernahmen leitende Funktionen in der Projektierung und als Verkaufsleiter.
Diese neue Position wertete die Stellung des Dresdner Betriebes im Metalleichtbaukombinat ein wenig auf. Volkswirtschaftliches Ziel bildete weiterhin die Sicherung der weitgehenden Eigenversorgung der DDR mit Gemüse. In den 1980er Jahren wurde das zur regionalen Eigenversorgung hin konkretisiert. Nun sollten auch in den Höhenlagen des Erzgebirges Gewächshäuser gebaut werden! Sie wurden tatsächlich bei Schwarzenberg im Erzgebirge errichtet.
Der VEB Saatzucht Zierpflanzen PAC (Abkürzung für Pelargonien, Anthurien, Chrysanthemen), hervorgegangen aus dem führenden Gartenbaubetrieb Wilhelm Elsner, rüstete Ende der 1970er Jahre ein ca. 110 m langes Gewächshaus vom Typ EG 2, zwölf Meter breit, mit einer Fließbandkonstruktion aus. Das sollte der besseren Anzucht von Jungpflanzen auf neue Art dienen. Stecklinge wanderten auf diesem Band durch mehrere verschiedene Klimazonen und kamen am anderen Ende des Hauses als versandfertige Jungpflanzen an. Damit wurde die herkömmliche Anzuchtzeit um etwa ein Drittel verkürzt.[25]
Bekannt war inzwischen, dass es in der Praxis der Gemüseproduktion unter Glas so genannte Erntebergungsverluste bis zu 20 Prozent gab (statistische Aussagen gibt es dazu nicht; die Dunkelzahl kann deutlich höher sein). Den Weg des Gemüses vom Gärtner zum Verbraucher optimal und verlustfrei zu gestalten war ebenfalls nur bedingt möglich, da Kühlmöglichkeiten fehlten. Die Gemüsebereitstellung aus eigenem Aufkommen ließ weiterhin trotz aller Bestrebungen, vor allem auch in der Sortimentsbreite, zu wünschen übrig. Die hohen Verluste, man bedenke fast ein Viertel, konnten kaum verhindert werden.

---

[25] Vgl. Körtel, Helfried: S. 371 ff. und Elsner, Wilhelm. Anm.: PAC ist noch heute eine geschützte und geschätzte Marke, die von den Nachfolgern Wilhelm Elsners in ihrem Unternehmen genutzt wird.

Abb. 37: Das Angebot an Kleingewächshäuser um 1985; das mittlere lief bereits seit 1971 in Serie; auch die Gartenbänke gehörten zum Konsumgüter-Programm.

Gewächshäuser für Kleingärtner

1971 wurde ein Kleingewächshaus in den Größenordnungen mit drei Metern Breite und jeweils drei, vier Meter fünfzig und sechs Metern Länge usw. entwickelt und produziert.[26] Dieses Vorhaben war mit dem Kleingärtnerverband der DDR abgestimmt. Auch aus dieser Ebene heraus sollte die Gemüseversorgung der Bevölkerung verbessert werden. Erwirtschaftete der Hobby-Gärtner einen Überschuss an Gemüse, das er nicht selbst verbrauchen konnte (und das war kein Problem), konnte er diesen an staatliche Aufkaufstellen zu günstigen Preisen (sie lagen über dem Geschäftspreis in der Verkaufsstelle) verkauft werden. Davon wurde rege Gebrauch gemacht. Zwischen 1971 und 1990 sind 32.000 Stück dieser Kleingewächshäuser über die in den Bezirken angesiedelten Betriebe der Bäuerlichen Handelsgenossenschaft (BHG) verkauft worden. Sie waren begehrt. Die „Wartezeit“ darauf betrug nach Bestellung drei Jahre.

---

26 Scharnhorst, Peter / Theuser, Johannes: Entwicklung und Produktion von Kleingewächshäusern und Frühbeetkästen als Beitrag des VEB MLK zur besseren Eigenversorgung mit Gemüse im Territorium; in: Gartenbau; Zeitschrift des VEB Landwirtschaftsverlag der DDR 1984, Nr. 3, Beilage Seite VI ff.

Reparatur und Pflege der Gewächshäuser

In den siebziger Jahren wurde ein Komplettsortiment für die Rekonstruktion bestehender älterer Gewächshäuser aufgelegt. Das betraf vor allem Anlagen vom Typ MZG 0/55, die noch mit Holz ausgestattet waren, welches inzwischen verschlissen war. Es galt auch für noch ältere Häuser in der Reihe sechs, neun und zwölf Metern Breite. Damit wurde auch der private Gartenbau versorgt.[27] Auf diese Weise versuchte das Landwirtschaftsministerium der DDR neue Quellen zur Sicherung des Regierungsauftrages der weitgehenden Eigenversorgung mit Gemüse zu erfüllen. Man hatte erkannt, dass hier gewisse Grenzen erreicht waren. Das tägliche Angebot an Gemüse, besonders auch in der Sortimentsbreite, war trotz großer Investitionen im Gartenbau weiterhin bescheiden. Andererseits waren die Ansprüche gewachsen. In der Bevölkerung erzählte man sich Witze von einer gewissen „Krautrepublik", da Kraut immer ausreichend vorrätig war. Gleichzeitig wurden auf der IGA in Erfurt so in den achtziger Jahren seltene Gemüse wie Brokkoli, Radizio, Patisson u.a. vorgestellt, die heute längst Gemeingut sind. Es musste also mehr geschehen. Doch wie?

1978 begannen Planungen für den Aufbau einer Gewächshausanlage mit 100 Hektar gärtnerischer Nutzfläche unter Glas, insbesondere auch zur besseren Versorgung der Hauptstadt Berlin. Berlin hatte bereits seit den 1920er Jahren große Teile seines Gemüses aus dem Oderbruch Wollup und aus dem Elbtal um Dresden bezogen. „Grüne Expresse" hatten Tradition. Die sollten in höherer Qualität fortgeführt werden. In komplexen Einheiten von zwölf Meter breiten Gewächshäusern in Blockbauweise sollte diese für damalige Verhältnisse sehr große Anlage errichtet werden. 30 Kilometer neue Eisenbahngeleise wären erforderlich gewesen. Ein kleines Kraftwerk auf der Grundlage von Rohbraunförderkohle als Energiebasis hätte gebaut werden müssen. Über das erste Planungsstadium sind diese Bemühungen nicht hinaus gekommen, denn weder in Berlin noch im Umfeld war ein geeigneter Standort zu finden.

---

[27] Kranstöver, Klaus (Hrsg.): Anleitung zur Rekonstruktion von Gewächshäusern und deren technischen Ausrüstungen, hrsg. von: IGA Erfurt; Erfurt 1981.

Der Gewächshausbau der DDR in den 1980er Jahren

Im Zeitraum der beginnenden achtziger Jahre war der Gewächshausbau dann geprägt:

1. durch die nunmehr mögliche Anwendung von „Thermoglas" (heute Isolierglas),
2. durch den verstärkten Einsatz der Regelung von Temperatur, Luftfeuchte u.a.,
3. durch den Übergang zu erdelosen Kulturen (Hydroponik) und
4. dadurch, die immer größer werdenden Gewächshauswirtschaften zunehmend neben vorhandenen oder geplanten größeren Heizkraftwerken oder entsprechenden Industrieanlagen zu errichten und so auch vorhandene oder sich ergebende Energiereserven, sogenannte Sekundärenergie, zu nutzen.

Die Gewächshauskonstruktionen wurden in Dresden weiterhin nur in Stahl ausgeführt (selbstverständlich waren Glas und verschiedene Plastwerkstoffe auch dabei). Holland und auch Westdeutschland hatten begonnen, das Profilsystem zunehmend mit Aluminiumprofilen zu erweitern. Dafür waren dort Spezialprofile entwickelt worden (in der BRD das sogenannte GFK-System).
Diese Entwicklungen waren den Dresdner Konstrukteuren bekannt. Aluminium stand dem Dresdner Betrieb jedoch nicht zur Verfügung, sodass es nicht infrage kam, ein eigenes Profilsystem zu gestalten.
Ende der 1970er Jahre stand man vor der Aufgabe, das Erzeugnissystem für Gewächshäuser für den generellen Einsatz von Isolierglas herzurichten. Wie sich rasch herausstellte, war das ohne grundsätzliche konstruktive Änderungen nicht möglich.
Drei Experimentalgewächshäuser wurden 1979/1981 bei der damals führenden LPG Pflanzenproduktion in Dresden-Kaditz errichtet. Die Erprobung verlief unter Praxisbedingungen des Gartenbaues. Die Frage war zu klären, ob der Einsatz von Isolierglas vollständig oder in Kombination mit Einfachglas erfolgen soll. Für den Giebel kam ohnehin nur Einfachglas in Frage. Die Glasindustrie konnte damals keine Modellscheiben als Isolierglas liefern. Auch eine Variante der Doppel-

verglasung wurde erprobt. Diese Versuche führten zu folgendem Ergebnis: Alle senkrechten Flächen (ohne Giebel) wurden mit Isolierglas eingedeckt und die geneigten Flächen erhielten Einfachglas. Im Hausinnern wurde im Traufbereich eine textile Bahn gleichsam als Wärmedämmschirm angeordnet, die Nacht für Nacht ausgefahren werden konnte. Durch die so erfolgte Trennung des oberen Dachraumes vom unteren Kulturraum konnte der Wärmeverbrauch um durchschnittlich zehn Prozent verringert werden. Als Schlussfolgerung sollte erneut ein Erzeugnissystem konzipiert werden.

So entstand zunächst eine TG-Baureihe mit zwölf, neun oder sechs Metern Hausbreite (TG steht für Thermoglas). Parallel wurden in Dresden drei Spezialprofile entwickelt, die im Werk Frankfurt/Oder des Metalleichtbaukombinates aus Stahl kalt profiliert werden sollten. Hier wurde mit einer teilweisen Wandstärke von 1,5 mm eine echte Leistungsgrenze angegangen. Die Geometrie des Querschnitts als Sigma sicherte die Statik. Ein Gewächshaus vom Typ TG 1 mit zwölf Metern Breite wurde als Anschauungsobjekt auf der IGA in Erfurt errichtet.

Am Ende gelangte man zu dem Schluß, sich wieder auf einen Einheitstyp mit neun Metern Breite zu konzentrieren. Er erhielt die Bezeichnung TG 10. Hier kam es vor allem auch auf die Senkung des Stahleinsatzes pro Quadratmeter Nutzfläche unter Glas mit den neuen Spezialprofilen an.[28]

Diese Entwicklung vollzog sich in West wie Ost unabhängig voneinander. Das Haus wurde mit einer Konvektorenheizung ausgerüstet und war technologisch vorgerichtet für erdelose Kulturen. Dieser Typ sollte den Gartenbau in Ostdeutschland bis 2000 prägen. Abbildung 42 zeigt das Innere einer solchen Anlage mit Tomatenpflanzen auf erdeloser Kultur, wobei jede Pflanze über eine Schlauchleitung mit Nährlösung versorgt wurde. Von derartigen Anlagen wurden in der DDR bis 1990 etwa zehn Hektar gebaut.

---

[28] Kasper/Scharnhorst/Theuser, 1988.

Abb. 38: Plaste-Gewächshäuser mit jeweils neun Metern Breite in Vockerode/Elbe nahe Dessau, die mit Energie aus dem nahegelegenen Kraftwerk beheizt wurden, 1977.

Abb. 39: Eines der ersten mit Isolierglas eingedeckten Gewächshäuser vom Typ TG 1 mit zwölf Metern Breite auf dem Gelände der IGA in Erfurt, 1982.

Gewächshäuser mit Anfallenergie

Bei der Planung der Gewächshauswirtschaften suchte man auch niederpotentielle Anfallenergie (mit bis zu 50 Grad im Vorlauf) zu nutzen. Volkswirtschaftlich betrachtet waren derartige Energiequellen fast überall vorhanden, wurden nur viel zu wenig genutzt. Das Problem bestand darin, dass eine Überleitung nur bis zu höchstens zwei Kilometern Entfernung wirtschaftlich sinnvoll war.

Über Anfänge in der Entwicklung ist man nicht hinausgekommen. Am Standort Regis-Breitingen (Leipzig) wurde zu Beginn der 1980er Jahre eine Pionieranlage mit 6.000 Quadratmetern gärtnerischer Fläche unter Glas zur Erwärmung mit Brüdenwärme aus einer Brikettfabrik (60 bis 80 Grad Vorlauf) erbaut. Die Lösung gelang. Hier bestanden jedoch auch Vorbehalte seitens der Gärtner.

Das interessanteste Vorhaben in dieser Richtung bildete wohl eine geplante Gewächshauswirtschaft mit 22 Hektar im Raum Greifswald. Anfallenergie aus dem im Bau befindlichen Kernkraftwerk Lubmin sollte die Wärmebasis bilden. Das Vorhaben blieb allerdings durch die politischen Veränderungen 1989 in den Anfängen stecken.

Gewächshäuser - Wärmeproduzent und Wärmespeicher

1987 begannen die Arbeiten für eine Lösung der kurzzeitigen Energiespeicherung. Überschüssige, von der Sonne besorgte Wärme sollte nicht mehr über die Lüftung ins Freie entsorgt, sondern einem unter dem Gewächshaus eingerichteten Speicher sinnvoll zugeführt werden. Im Bedarfsfall sollte diese Energie dann abgerufen werden können. Frischluft konnte über Ventilatoren zugeführt werden. Die bisher üblichen Luftklappen sollten deshalb entfallen. Erprobungen erfolgten unter Praxisbedingungen in einem Experimentalbau (neun Meter breit, 50 Meter lang) in Dresden-Kaditz. Das Projekt gelang. Allerdings waren die Gestehungskosten pro Wärmeeinheit noch doppelt so hoch als bei traditioneller Heizung. Diese recht hoffnungsvollen Ansätze konnten 1990 nicht fortgeführt werden.

Organisiert von der Akademie der Landwirtschaftswissenschaften der DDR fand 1985 in Dresden eine Internationale Konferenz zum Gartenbau unter dem Thema „Energieökonomie und Gemüsebau in

Gewächshäusern" statt. Gartenbauwissenschaftler von Rang aus allen Teilen Europas, Ost wie West, hielten Vorträge. Hauptreferate hielten Prof. Dr. D. Fritz (BRD) und Prof. Dr. Georg Vogel (DDR). Die Erfahrungen mit Gewächshäusern aus der DDR wurden von Vertretern aus Wissenschaft und Praxis vorgestellt. Dem baukonstruktiven Aufbau dieser Häuser wurde europäisches Niveau bescheinigt. Im Ausbau hingegen wurden Rückstände, besonders bei der Regeltechnik und bezüglich der einseitigen Ausrichtung auf Braunkohle als Energiebasis, allzu deutlich. In Dresden konnten dazu nur echte Grenzen festgestellt werden. Diese Tagung war eine gewisse Krönung für die stets betriebene Zusammenarbeit von Wissenschaft und Praxis.

Zwischen 1984 und 1989 wurde gemeinsam mit wissenschaftlichen Einrichtungen der UdSSR ein künftiger RGW-Typ entwickelt (RGW = Rat für gegenseitige Wirtschaftshilfe; das war die Form der wirtschaftlichen Zusammenarbeit aller Länder des sozialistischen Lagers). Ergebnis war ein neun Meter breites Gewächshaus, welches einmal in allen Ländern des sozialistischen Lagers (vom Süden bis zum höchstmöglichen Norden) errichtet werden sollte. 1989 standen Experimentalbauten in Mineralnaja Woda/Kaukasus und in Frankfurt/O zur Erprobung bereit. Diese Vorhaben wurden 1990 nicht fortgesetzt. Zum Ende der 1980er Jahre wurde ebenfalls ein mechanisierter Frühbeetkasten konstruiert. Das Prinzip bestand darin, den gesamten Kasten elektromotorisch anzuheben und zu senken. Damit sollte Arbeitsfreiheit für Kleingeräte geschaffen werden.

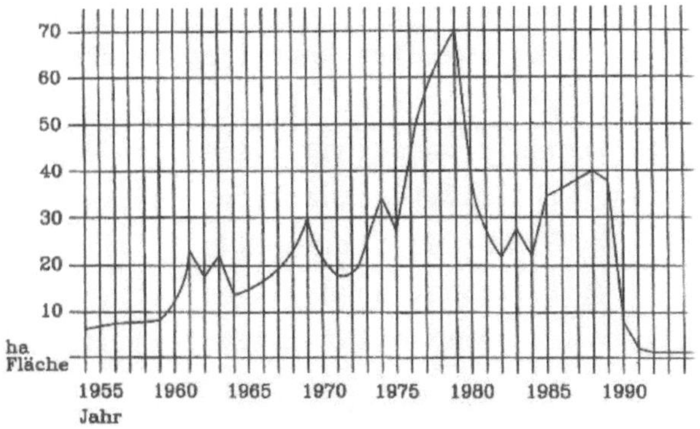

Abb. 40: Bilanz der Entwicklung der Gewächshausproduktion des Betriebes in Niedersedlitz von 1954 bis 1990.

Forschung und Entwicklung

Der Betrieb war nicht nur für die Fertigung und Montage zuständig, sondern auch für die Planung und Projektierung von Einzelvorhaben, Baukoordinierung, Forschung und Entwicklung. Bereits Georg Höntsch hatte auf dem Betriebsgelände eine kleine Forschungsgärtnerei errichtet, in der konstruktive Details, Farben und Gläser getestet wurden. Gelbe Gläser schienen das Wachstum der Pflanzen positiv beeinflussen zu können, doch der erzielte Vorteil wurde durch den wesentlich höheren Preis des Glases mehr als aufgebraucht.

Diese Versuchsgärtnerei wurde bis zu Beginn der 1970er Jahre weiterbetrieben. Dann wurden neue Wege beschritten. Wichtigste Partner der Entwicklungsarbeiten waren nun das Institut für Gemüsebau Großbeeren (ein Institut der Akademie der Landwirtschaftswissenschat der DDR) und das Institut für Zierpflanzen der Humboldt-Universität Berlin. Die Gartenbaupraxis fand sich auf örtlicher Ebene einesteils mit der Genossenschaft in Dresden Kaditz für den Gemüsebau und dem Betrieb PAC Jungpflanzen für den Zierpflanzenbau. Neuerungen im Einzelnen und komplette Neubauten wurden dort experimentell eingesetzt. Forschungsthemen mußten öffentlich verteidigt werden. Experten wurden regelmäßig eingeladen, sodass stets fachlich versierte Personen den Entwicklungsstand beurteilen konnten.

Ferner wirkte im Rahmen der Kammer der Technik, der Ingenieurorganisation der DDR, der ehrenamtliche Fachausschuss „Gewächshäuser". Der Verfasser war von 1975 bis 1990 dessen Vorsitzender. Hier wurden ebenfalls brennende Probleme der Praxis beraten und Versuche eingeleitet, sie zu lösen. Drei Beispiele sollen angeführt werden, die zugleich allgemeine Probleme der Gärtner in der DDR offenbarten:

1. Wie jedes Wohnungsfenster irgendwann einmal geputzt werden muss, so war das auch bei den Glasflächen der Gewächshäuser erforderlich. Das umso mehr, da diese oft in der Nähe von Kraftwerken oder Industriezentren standen und so dem Ausstoß von zum Teil fettigem, haftbaren Schmutz ausgesetzt waren. Jeder Schmutz bedeutet Lichtminderung, die der Gärtner vermeiden muss. Was schon in einfachen Familienbetrieben zu Höntsch`s Zeiten nicht einfach war, das gestaltete sich bei den Großanlagen der DDR (so-

weit bekannt auch in der BRD) zum enormen Problem. Zur Lösung wurde eine jeder Zeit umsetzbare Bühne konstruiert. Sie wurde auf First und Traufe aufgesetzt und war in Längsrichtung des Gewächshauses verfahrbar. Frei von Gefahr waren nun Reparaturen von außen möglich. Mit rotierenden Bürsten besetzt, konnte so auch das Fensterputzen ausgeführt werden. Dem dabei verwendeten Wasser mußte ein Reinigungsmittel zugesetzt werden, um den Schmutz wirklich zu lösen. Die handelsüblichen Reinigungsmittel wirkten sich allerdings alle schädigend auf die Zinkoberfläche der Baukonstruktion aus. Dieses Problem wurde bis 1990 nicht zufriedenstellend gelöst.

2. Im Zierpflanzenbau wurde vorwiegend auf Tischen kultiviert. Auch hier mußten die Pflanzen von Hand erreichbar sein. Viele Wege zwischen den Tischen waren also notwendig, was Fläche kostete. Wir schufen verrollbare Tische und begrenzten damit die erforderliche Wegefreiheit auf ein Mindestmaß und erhöhten die Ausnutzung der Kulturfläche unter Glas erheblich. Auf diesen Tischen wurden oft pyramidenförmige Aufbauten installiert, so daß die Raumhöhe effektiv genutzt werden konnte.
3. Im Gartenbau wurde die Luftlanze entwickelt. Dabei handelt es sich um ein einfaches Rohr, dessen Ende wie eine Brause ausgebildet war. Mit dem Brausenende wurde dieses Rohr in den Brandherd des Heizkessels eingeführt. Die nun eingeblasene Luft bewirkte eine bessere Verbrennung der Braunkohle und die etwas höhere Nutzung ihres Brennwertes.

All die so gewonnenen Erkenntnisse für die ständige Weiterentwicklung des Gewächshauses und bei der Bewältigung akuter praktischer Probleme wurden im Sinne eines Erfahrungsaustausches von 1971 bis 1990 jährlich auf der IGA in Erfurt im Rahmen eines "Tages des Gewächshausbaues" vorgestellt und erörtert. Das war eine Gärtnerkonferenz mit durchschnittlich etwa 150 Teilnehmern, veranstaltet von der IGA, der Kammer der Technik und dem Dresdner Betrieb. Oft waren dazu auch Gäste als Referenten und Teilnehmer aus Ungarn, Polen, der CSSR, Bulgarien und Rußland eingeladen. 1990, der letzte „Tag des Gewächshausbaues", hatte gesamtdeutschen Charakter.

Abb. 41: Zweischiffige Anlage auf dem Gelände der Gartenbauausstellung in Erfurt, 1987.

Abb. 42: Anlage mit Tomatenpflanzen auf erdeloser Kultur in Berlin-Marzahn, 1989.

Der Dresdner Gewächshausbau nach 1990

Mit dem gesellschaftlichen Umbruch 1989/1990 fiel in der DDR die Grundlage für die Herstellung und den Betrieb von Gewächshäusern abrupt weg. Für 1990 waren insgesamt 40 ha Gewächshausfläche für größere Vorhaben und 4000 Kleingewächshäuser geplant gewesen. Doch im ersten Quartal 1990 trafen nahezu täglich Stornierungen ein, weshalb im Dresdner Betrieb die Produktion im April 1990 angehalten und schließlich eingestellt wurde. Gleichsam über Nacht waren die geschlossenen Verträge ihr Papier nicht mehr wert und der Betrieb stand vor dem Nichts.
War die gebäudetechnische Lösung der Dresdner Gewächshäuser durchweg als gut eingeschätzt worden, so gab es doch im weltweiten Wettbewerb drei entscheidende Mängel:

1. fehlende Aluminiumteile,
2. eine auf die Belange eines Gewächshauses abgestimmte Steuerungs- und Regeltechnik existierte nicht,
3. und als Heizmaterial stand in der DDR ausschließlich Rohbraunförderkohle (manche sprachen witzig von besserer Gärtnererde) zur Verfügung.

Ein halbes Jahr herrschte in Niedersedlitz Kurzarbeit Stunde Null. Vielen Mitarbeitern fiel es schwer, zu begreifen, warum diese Gewächshäuser plötzlich nicht mehr gefragt waren. Im Gegensatz dazu lag in den Dresdner Geschäften ein Gemüseangebot wie nie zuvor aus.
Die Mitarbeiter stellten sich die Frage, wofür sie teilweise vierzig Jahre gearbeitet hatten. Sollte jetzt das Ende eines Traditionsbetriebes kommen? – Nein!
Mit Hilfe eines interessierten Investors aus Baden-Württemberg wurde mit einem wesentlich kleineren Werkskollektiv ein Neuanfang im Metallbau versucht. Man blieb bei Stahl und Glas. Den Umgang mit Aluminiumprofilen lernte man hinzu. Etwa 70 Mitarbeiter wurden dabei im Mutterunternehmen in der Nähe von Heilbronn zum Teil weit über ein Jahr hindurch in der Praxis dafür ausgebildet.

Abb. 43: Das rekonstruierte Palmenhaus in Dresden-Pillnitz.

Gefertigt wurden nunmehr Elemente für Dach und Fassade repräsentativer Gebäude, für die ein Architekt klare, zum Teil künstlerische Entwürfe vorgab. Aus dem volkseigenen Betrieb wurde MBM Metallbau Dresden GmbH. Drei erfahrene gestandene Mitarbeiter aus Dresden und der württembergische Investor wurden die Gründungsgesellschafter. Das war erneut ein schwerer Anfang, der vor allem grundsätzliches Umdenken erforderte und letztendlich doch gelang.

Zu DDR-Zeiten war der Verkauf von Gewächshäusern Dank den vorgegebenen staatlichen Planwerten kein Problem. Allerdings mußte um jedes Kilogramm Stahl, um jede Schraube, um jede Scheibe Glas hart gerungen werden. Nach 1990 kamen die Materialverkäufer mit überschwänglichen Angeboten von allein ins Haus, doch der Verkauf unserer Erzeugnisse wurde plötzlich ein harter Kampf ums Dasein.

Beendet wurde in der Sowjetunion bis 1992 die (in der DDR begonnene Montage) eines Gewächshauskomplexes von sechs Hektar Umfang. Die Erneuerung des historischen Palmenhauses in Dresden-Pillnitz in den Jahren 1991 bis 1993, eine gusseiserne Konstruktion, hergestellt 1868 in den Jacobiwerken Meissen, stellte bereits den Übergang zu neuen Zielen vor. Ein reines Produktionsgewächshaus wurde seit Mitte der 1990er Jahre nicht mehr gebaut.

Es wäre allerdings verfehlt, diese völlige Veränderung nur auf die vorbeschriebenen Mängel im Dresdner Gewächshausbau zurückzuführen. Die Hauptursache lag bei den Veränderungen im Gartenbau. Die gärtnerische Produktion im Freistaat Sachsen ging rapide zurück. Ge-

Abb. 44: Karikatur über den Gewächshausbau der Zukunft, 1906.

genüber 1989 erreichte man 1994 (das war der Tiefpunkt) gerade einmal 15 Prozent.[29] Auf Basis bis dahin für unmöglich gehaltener Importe waren die Angebote der Geschäfte weiterhin verführerisch, doch wieviele Gärtnerschicksale mögen sich wohl hinter diesen ernüchternden Tatsachen verbergen?

Am längsten Bestand im Gewächshausbau hatte die einst zur Erzeugnisgruppe Gewächshäuser gehörige Fa. Wolfgang Ranft in Weinböhla bei Dresden. Mit verrollbaren Gewächshäusern war sie in den 1970er Jahren hervorgetreten. 2011 beging sie ihr fünfzigjähriges Jubiläum. Wolfgang Ranft verstarb 2015. Schon ein Jahr später schlossen sich die Pforten seiner Firma. Auch die einstigen Inhaber der beiden Firmen Weigelt und Petzold in Dresden sind verstorben: Reinhardt Petzold starb 2016, Karl Heinz Weigelt 2018.

---

[29] Karlsch / Schäfer 2006.

Ausblick

Die fast einhundertjährigen Erfahrungen im Gewächshausbau und damit der Umgang mit Metall und Glas erwiesen sich als solide Grundlage für die Fortsetzung der betrieblichen Arbeit oder seinen Neuanfang im Metallbau. Sie verdienen es, aus vielerlei Gründen wissenschaftlich dokumentiert festgehalten zu werden. Dies ist mit einer umfangreichen textlichen, bildlichen und zeichnerischen Dokumentation, umfassend sechs Ordner, die bei MBM Metallbau Dresden und im Gartenbaumuseum Erfurt hinterlegt ist, geschehen.[30]

Ob die weiter ständig wachsende und den sozialen Ausgleich anstrebende Menschheit auch in Mitteleuropa wieder einmal mehr Gewächshäuser zu ihrer Ernährung benötigt als heute, das steht in den Sternen. Dass sie weltweit gebraucht werden, vielleicht sogar zunehmend, davon ist der Autor überzeugt.

Es soll zum Schluß noch an so manchen Traum beim Bau von Gewächshäusern erinnert werden, der auch in Dresden geträumt wurde. Bereits zur Gartenbauausstellung 1926 in Dresden wurde eine Art Turmgewächshaus als „Grüner Dom" gezeigt (vgl. Abb. 45). Um 1964 erregte die österreichische Firma Ruthner auf der Wiener Internationalen Gartenschau mit einem Turmgewächshaus von 41 m Höhe großes Aufsehen. In Dresden ist man zwar nicht so weit gekommen, hat diese Entwicklung aber stets verfolgt. Solche Turmgewächshäuser wurden mehrfach in Europa errichtet, haben sich jedoch nicht generell durchgesetzt. In einem Beitrag der „Dresdner Neuesten Nachrichten" vom 17. Dezember 2016 stand zu lesen, dass man sich in den USA mit der Entwicklung von fünfzigstöckigen Hochgewächshäusern beschäftigt. Für den Gartenbau, der damit gewiss eine Zukunft hat, wird die ebene Agrarfläche bald nicht mehr ausreichen, um die Menschheit zu ernähren – also muss man nun vertikal denken. Ein Witzbold hatte bereits 1906 seine Vorstellungen in Möllers Deutscher Gärtnerzeitung aus Erfurt, Jahrgang 1906, ausgebreitet (vgl. Abb. 44) – eine Karikatur mit realem Hintergrund, denn heutzutage werden solche Anbaumethoden praktiziert. Nahezu einhundert Jahre Wirken des klei-

---

[30] Scharnhorst 1999.

nen Industriezweiges Gewächshausbau waren in Dresden beendet und sind nun Geschichte.[31] Das Antlitz des Betriebes hat sich verändert. Fassaden und viele Einzelheiten im Innenleben von Verwaltungsgebäude und Produktionshallen atmen noch die über einhundertjährige Geschichte des Unternehmens. Die Gebäude wurden schrittweise komplett saniert und mit moderner Technik ausgestattet. Ein kleiner Denkstein vor dem Hauptgebäude ist das einzige Zeichen dafür, daß hier die Wiege des modernen Gewächshausbaues gestanden hat. Gesetzt wurde er im unruhigen und zugleich geschichtsträchtigen Jahr 1990 mit der Hoffnung, aus guter Tradition heraus auch weiterhin Gewächshäuser bauen zu können. Doch die Geschichte geht ihre eigenen Wege. MBM Metallbau hat sie längst beschritten.

Heute künden repräsentative Bauwerke in Metall und Glas im Regierungsviertel von Berlin wie in vielen Städten, von Hamburgs HafenCity über Dresdens Innenstadt bis zur City von München, vom hohen der Architektur dienenden und diese auch bestimmenden Leistungsvermögen von MBM Metallbau Dresden. 100 engagierte Mitarbeiter leisten gute Facharbeit. 74 junge Menschen haben seit 1992 ihre Lehre im Unternehmen erfolgreich abgeschlossen. Damit waren immer etwa 15 Auszubildende im Hause MBM anzutreffen. Viele sind noch heute im Unternehmen tätig und haben allmählich die "Alten" ersetzt. Nicht wenige haben leitende Positionen eingenommen.

2016 feierte das Unternehmen sein 25-jähriges Bestehen als MBM Metallbau. Der Geschäftsführende Gesellschafter Gunter Schreiber wurde aus diesem Anlaß gefragt: „Viele Bauwerke in Deutschland hat Ihr Unternehmen mit schönen Fassaden und hellen Kuppeln versehen – welches ist wohl ihr liebstes Bauwerk?“ Er antwortete: „Das, welches gerade zur Ausführung ansteht.“

31 Vgl. Werte unserer Heimat, Abteilung L 5, Seite 188; Berlin 1984.

Anhang

Literaturverzeichnis

Böhmig, Franz: Gewächshäuser und Frühbeete, Berlin 1943.

Diel, Joseph: Der Standort der deutschen gartenbaulichen Produktion, Berlin 1933.

Dietrich, Andrea: Aufgeschlossen. Magazin des Freundeskreises Schlösserland Sachsen e.V. 1/2019; S. 10-14.

Dubbers, Anette: Prohlis. Aus der Geschichte eines Dresdner Stadtteiles, hrsg. von Anette Dubbers in Verbindung mit dem Heimat- und Palitzsch-Museums Prohlis und dem Umweltzentrum Dresden e.V., Dresden 2012.

Elsner. Wilhelm: Lebenserinnerungen; im Eigenverlag Dresden, o. J.

Grüneberg, Anne: Gemüse auf 50 Etagen, in: Dresdner Neueste Nachrichten, 17. Dezember 2016; Beilage.

Haikal, Mustafa: Der Kamelienwald, Dresden 2010.

Höntsch, Georg: Tat gestaltet, Lebensbericht, Leipzig 1941.

Höntsch, Georg: Höntschs Gartenbaukalender 1927, Dresden 1926.

Jäger, Hermann: Allgemeines illustriertes Gartenbuch, Leipzig 1869.

Karlsch, Rainer / Schäfer, Michael: Wirtschaftsgeschichte Sachsens, Leipzig 2006.

Kasper, Reiner / Scharnhorst, Peter / Theuser, Johannes: Konstruktion und Fertigung des Stahl-Glas-Gewächshauses TG 10, in: Gartenbau,1988, Heft 3, S. 68 ff.

Kohlmayer, Georg / von Sartory, Barna: Das Glashaus. Ein Bautypus des 19. Jahrhunderts, München 1981.

Kranstöver, Klaus (Leiter eines Autorenkollektivs): Technologie und ökonomischer Nachweis einer Gewächshauswirtschaft, Berlin, 1961.

Kranstöver, Klaus (Hrsg. u.a.): Anleitung zur Rekonstruktion von Gewächshäusern und deren technischen Ausrüstungen, hrsg. von: IGA Erfurt; Erfurt 1981.

Körtel, Helfried: Mechanisierte Gewächshausanlage im VEB PAC Jungpflanzen Dresden, in: Gartenbau, Landwirtschaftsverlag der DDR 1979.

Leuschner, Joachim / Rasehorn, Wolfgang: Stand der Entwicklung des Stahl-Plast-Gewächshauses Baukastenreihe G 300, in: Gartenbau, 1974, Nr. 3, Beilage.

Loudon, John C.: Eine Enzyklopädie des Gartenwesens, Weimar 1826.

Reinhold, Jochen: Vorschläge für die Entwicklung des Gemüsebaues bis zum Jahre 1975 in der DDR, Sitzungsberichte Band IX; Heft 13 der Deutschen Akademie der Landwirtschaftswissenschaften zu Berlin 1960.

Riepert, [?]: Neuzeitliche Gewächshausbauten, Charlottenburg, 1928.

Scharnhorst, Peter: Der Sächsische Gewächshausbau, in: Zeitschrift Deutscher Gartenbau 1990, Stuttgart, S. 953 ff.

Scharnhorst, Peter / Schröter, Elfriede: Die Entwicklung des Erzeugnissystems für Gewächshäuser, in: Zeitschrift Gartenbau, 1974, Nr. 11, Beilage.

Scharnhorst, Peter: Der Dresdner Gewächshausbau 1895 bis 1995, Darstellung der Technikgeschichte; unveröffentlicht.

Scharnhorst Peter / Theuser, Johannes: Entwicklung und Produktion von Kleingewächshäusern und Frühbeetkästen als Beitrag des VEB MLK zur besseren Eigenversorgung mit Gemüse im Territorium, in: Gartenbau, 1984, Nr. 3, Beilage.

Vogel, Georg: Stand und Perspektive beim Einsatz von Plastwerkstoffen zur Gewächshausleichtbauweise; Tagungsberichte der Deutschen Akademie der Landwirtschaftswissenschaften der DDR 1968 Nr. 88.

Wehrhahn, Heinz Rolf: Großes Handbuch für Gartenbau und Gartenkultur, Leipzig, 1938.

Wesselhöft, Johannes: Immerwährender Gärtnerkalender, Langensalza, 1887.

Zabeltitz, Christian von: Gewächshäuser, Stuttgart 1986.

Weitere Quellen

Gute Tradition und neues Schaffen. 100 Jahre Glas- und Metallbau Dresden-Niedersedlitz. Festschrift 1995.

Staatliche Zentralverwaltung für Statistik der DDR, Gartenbauerhebung 1984, unveröffentlicht.

125 Jahre ZINQ. Festschrift; Hrsg.: Voigt & Schweitzer GmbH, Gelsenkirchen 2014

Werte unserer Heimat: Dresden, Abteilung L 5, Seite 188; Berlin 1984.

Bildnachweis

Alle Abbildungen stammen aus dem Privatarchiv von Dr. Peter Scharnhorst, Dresden.